기능의학 평생건강

4항목 집중관리

기능의학 평생건강
4항목 집중관리

초판 1쇄 2024년 7월 20일

지 은 이 최진석
편　　집 최보인
펴 낸 이 황대연
발 행 처 설교자하우스
주　　소 경기 수원시 팔달구 권광로 276번길 45, 3층
전　　화 070. 8267. 2928
전자우편 1234@naver.com
등　　록 2014. 8. 6.

ISBN　979-11-976251-6-9 (03230)
값은 뒷표지에 있습니다.

본문과 표지 일부에 Mapo 금빛나루, 꽃섬 서체를 사용하였습니다

기능의학 평생건강
4항목
집중관리

최 원장의
기능의학 건강관리
시리즈
03

최진석 지음 | 최보인 편집

설교자하우스

평생 건강을 위한 평상시의 관리

저는 기능의학으로 환자를 치료하는 의사입니다. 저는 김덕수 박사의 손에 이끌려 기능의학에 입문하였습니다. 그리고 홍수진 선생님과 많은 임상영양학교 교수님들의 강의와 세미나, 저서를 통해서 매년 반복하여 공부하고 있습니다. 홍수진 선생님은 기능의학의 대가이고 기능의학자들의 선생이십니다. 책 '암을 굶기는 치료법', '암은 대사 질환이다' 등 귀한 도서들을 출간해주셨습니다. 이덕희 교수님은 책 '호메시스'와 여러 강의를 통하여 새로운 눈을 뜨게 해주셨습니다. 이계호 교수님께는 '인간은 흙집이다'라는 강연을 통해 인체에 대한 큰 인식을 얻었습니다. 이 분들 외에도 제가 만날 기회가 없을 외국의 의사 선생님들, 과학자들 그리고 귀한 논문들과 책, 강연, 유튜브 등에서도 많은 가르침을 받았습니다. 사실 이 책에서 다룬 내용들은 저의 창작물이라기보다는 귀한 분들의 가르침과 통찰과 연구의 결과물을 잠시 빌려온 것임을 고백합니다. 저는 이분들의 가르침을 체휼하는 마음으로 스스로에게 먼저 적용해보았고, 임상 현장에서 활용하였습니다. 그 결과는 기적에 가까웠습니다.

기능의학 치료라는 제 분야의 특성상 저희 병원에는 중병에 걸려 기능의학 치료를 결심하신 분들이 찾아오십니다. 대부분 암이나 치매, 당뇨, 고혈압, 고지혈증 같은 대사질환, 혹은 각종 희귀병으로 고생하는 분들입니다. 증상이 분명히 있는데도 종합병원에서 원인을 찾지 못하거나, 병명은 찾았지만 마땅한 치료법을 찾지 못한 경우가 많습니다.

저는 의사로 30년을 살아왔습니다. 그러면서 평생 건강을 누리면서 행복하고 여유로운 삶을 살아갈 수는 없을까를 오랜 시간 고민하고 공부하였습니다. 그 과정에서 각종 질병을 앓고 있는 분들의 공통점은 물론, 건강하게 사는 분들의 공통점을 발견하게 되었습니다. 그리고는 평상시에 4가지 영역을 관리해야 한다는 제 나름대로의 결론에 이르게 되었습니다. 그리고 각각의 영역을 어떻게 관리하면 좋을지 구체적인 방법을 찾아서 그 내용을 이 책에 담았습니다. 제가 제시하는 4가지 항목을 평상시에 관리하면 평생을 건강하고, 삶의 질이 높은 일생을 살 수 있을 것입니다. 이것이 이 책에서 제가 나누고 싶은 주제입니다.

1) 얼마 동안 사는가와 어떻게 사는가?

"99 88 23 4!" 요즘 7, 80대 어르신들 사이에서 유행처럼 번지고 있는 건배사입니다. 99세까지 88하게 살다가 2~3일 아프고 사(4)망하는 것이 좋겠다는 바램을 담은 말이라고 합니다. 많은 현대인들은 죽기 직전까지 맑은 정신으로 강건하게 살다 죽기를 바라고 있다는 사실을 알 수 있습니다. 성경에는 오랜시간 동안 장수한 사람들이 많이 등장합니다. 그 중 모세에 대한 기록은 아주 흥미롭습니다.

모세가 죽을 때 나이 백이십 세였으나 그의 눈이 흐리지 아니하였고 기력이 쇠하지 아니하였더라 (신명기 34장 7절)

성경은 모세가 120세를 살았는데 죽을 때까지 강건했다고 기록하고 있습니다. 기록에 따르면 그 시대의 사람들은 평균적으로 약 70세 전에 사망했을 것으로 보여집니다. 반면 이삭과 야곱은 그의 노년에 눈이 어두워졌습니다. 큰 아들과 작은 아들을 구분하지 못할 정도였습니다. 그러나 모세는 이삭이나 야곱처럼 눈이 흐리지 아니하였고, 기력도 쇠하지 아니하였습니다. 모세는 우리가 그토록 염원하는 99 88 23 4의 인생을 살았을 것이라 생각할 수 있습니다.

그렇다면 우리의 현실은 어떨까요? 우리는 100세 시대를 살아가고 있습니다. 최근 통계를 분석해보면 현재 50-60대인 3명중 한명은 90세 이상 살 수 있는 가능성이 있습니다.[1] 의료가 발달한 대한민국의 상황이라면 머지않아 평균수명 자체가 90세 이상이 될 가능성도 있습니다. 지금의 수명이 늘어가는 속도를 예측하여 머지 않아 100세 시대가 올 것을 추정하는 통계학자도 있습니다.

문제는 우리의 건강수명입니다. 평균수명이 살아있는 기간이라면, 건강수명은 그 기간 동안의 건강상태를 말합니

---

1 보험개발원 제 10회 경험생명표 개정 http://www.ftoday.co.kr/news/articleView.html?idxno=314404

다. 오래 사는 것도 중요하지만, 오래오래 건강하게 사는 것은 더 중요합니다. 그런데 평균수명은 늘어나고 있지만 건강수명은 평균수명을 따라가지 못하고 있습니다. 통계에 의하면 대한민국 국민은 평균적으로 84세가 되면 40%의 사람들이 암에 걸립니다.[2] 85세가 되면 50%의 이상의 사람들이 치매나 경도인지장애, 건망증 등의 증상을 앓게 됩니다.[3] 이 통계대로라면 우리는 80대 중반이 되면 암이나 치매 같은 중병에 걸릴 가능성이 50-60% 입니다. 85세가 되었을 때 중병에 걸릴 가능성이 50%가 넘는 셈입니다. 앞으로 우리의 평균수명이 95세라고 가정한다면, 우리는 85세부터 95세까지 10년 동안을 치열한 투병 생활로 보내야 합니다.[4] 수명의 연장과 함께 질병의 기간도 함께 늘어나는 것은 무척 암울한 현실입니다. 또한 노부부 중에서 한 명이라도 투병 생활을 시작한다면 비교적 건강한 나머지 한 명은 투병 중인 배우자를 돌보아야 하

---

2 국가 암 정보센터 암 발생률 관련 보고 https://www.cancer.go.kr/lay1/S1T639C640/contents.do

3 중앙치매센터 치매노인 현황 https://m.nid.or.kr/info/diction_list2.aspx?gubun=0201

4 통계청 2022년 생명표 통계자료 건강수준별 기대여명 https://kostat.go.kr/board.es?mid=a10301010000&bid=208&list_no=428312&act=view&mainXml=Y

는 간병인으로 살게 됩니다. 결국 노년의 부부는 환자로서든 간병인으로서든 긴 투병 생활을 하면서 노년을 보내게 될지도 모릅니다. 투병과 간병이 계속되는 노년의 일상은 생각만 해도 가슴이 답답합니다.

또한 시골에서 생활하시는 분들은 보행 능력의 유무와, 타인의 돌봄이 필요한가에 따라 은퇴 후의 삶이 극명하게 대조를 이루게 됩니다. 걸을 수 있다면 마을 버스정류장 청소나 산불감시원, 뚝방 꽃 심기 등 공공근로를 하면서 조금씩이라도 돈을 벌 수 있습니다. 또 작은 텃밭에서 고추와 배추를 심어 가을에는 김장을 하기도 합니다. 일 년에 몇 차례 자녀들이 손주와 함께 찾아오면 맛있는 김치와 작은 용돈도 건네줄 수 있습니다. 하지만 그렇지 못한 분들은 오히려 간병인을 고용할 비용과 갖가지 치료 비용 등 많은 물질이 필요하게 됩니다. 경제적인 여유가 있는 분들은 통장의 잔액을 유지하며 노년을 보낼 수 있습니다. 그러나 대부분의 경우 통장은 금방 '텅장'이 되고 그에 따라 자녀들의 부담은 더해집니다. 그렇기 때문에 우리는 80세, 90세, 100세가 되어도 건강하게 삶을 이어갈 수 있는 방법을 깊이 생각해야 합니다. 그리고 그것을 실천해야 합니다. 그것은 또 하나의 중요한 노후대책일 수도 있습니다. 모세처럼 죽을 때에도 기력이 쇠하지 않고 눈이 흐려지지 않는 건강을 유지한 상태를 유지할 수만 있다면 그것이야말로 가장 큰 행복일런지도 모릅니다.

2) 생명 그래프 바꾸기

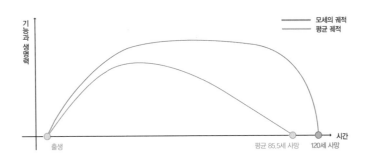

[그림 1] 모세의 생명 그래프[5]

주황색 그래프는 현대인들의 수명과 기능, 생명력입니다. 그리고 초록색은 모세의 수명과 기능, 생명력입니다. 그래프처럼 각 세포와 각 기관의 기능의 감소는 생명력의 감소로 이어집니다. 그리고 중간에 있는 점선을 기준으로 돌봄의 필요 유무를 가릴 수 있습니다.

---

5 임상 노쇠 척도 Clinical frailty scale /(c)Balhousie University 덜하우지의 록우드 그룹이 만든 것을 한국어로 번역, 재구성 함

기능의학 평생건강 4항목 집중관리

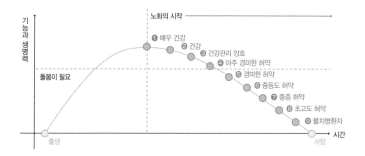

[그림 2] 돌봄의 유무

나의 상황이 점선 아래에 있다는 것은 큰 재앙처럼 느껴질 수 있습니다. 나의 통장은 '텅장'이 되고, 사랑하는 배우자와 자녀에게 큰 부담이 되기 때문입니다. 하지만 우리는 그래프를 위로 밀어 올려 건강 수명을 늘릴 수 있습니다. 또 그래프를 아래로 당겨 건강 수명을 줄일 수도 있습니다. 우리의 건강 그래프에 영향을 주는 요인들은 다음과 같습니다.

- 건강 수명을 늘리는 요인 -

건강한 먹거리, 해독, 바른 자세와 적절한 운동, 건강한 멘탈과 마음잡기 훈련 등

혈당피크 식단, 비타민 결핍, 중금속 중독, 림프순환 장애, 비만, 얕고 빠른 호흡, 과로, 수면박탈, 도파민중독, 부정적인 마음(분노, 시기, 불안 등), 과도한 알코올 섭취, 담배 등

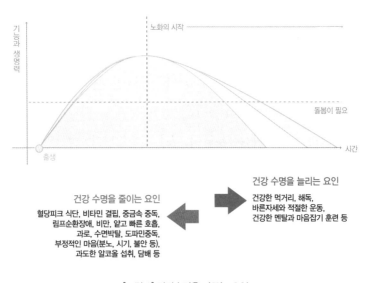

[그림 3] 건강수명을 바꾸는 요인

특히 담배는 건강수명 뿐만 아니라 생명 그래프 자체에 큰 변화를 가져옵니다. 50세부터 하루 한갑의 담배를 피운다면 무려 10년의 수명이 줄어들 가능성이 있다고 주장하는 논문도 있습니다.[6] 하지만 희망이 있습니다.

[그림 4] 예배당 언덕

저는 예배당 입구까지 상당한 경사로가 있는 교회에 출석하고 있습니다. 예배당의 경사로를 오르는 분들을 살펴보면 생명력 그래프를 잘 설명해줍니다. 당당히 걸어서 경사로를 오르는 분, 난간을 의지해야만 하는 분, 난간과 지팡이를 동시에 의지해야 하는 분, 타인의 부축을 받아야 하는 분, 보행이 어려워 휠체어를 사용할 수 밖에 없는

---

6 캐나다 토론토 대학 보건 대학원 프라바트지하 교수 연구 https://www.imaeil.com/page/view/20240212132340022282

분, 그리고 외출 자체가 어려워 아예 침상에 누워계시는 분도 있습니다. 그러나 그것이 전부는 아닙니다. 이분들 중에는 이전에 휠체어를 사용하셨는데, 많은 노력 끝에 이제는 부축을 받거나 혹은 난간이 있으면 휠체어 없이 걸어서 경사로를 오를 수 있게 된 분도 있습니다. 건강수 명 그래프를 밀어 올려서 보다 건강한 모습을 되찾아갈 수 있다는 증거이기도 합니다.

이 책은 건강수명을 늘리는 문제를 다루고 있습니다. 건 강수명 그래프를 위로 밀어 올리는 방법을 제 나름대로 찾아내어 제안하고자 한 것입니다. 저는 건강수명을 늘리 는 요인을 크게 4항목을 관리하는 것으로 정리하였습니 다. 1) 식습관 관리 2) 오염과 해독 관리 3) 자세와 운동 관리 4) 뇌와 마음관리가 그것입니다.

1

식습관
관리

식습관 관리
오염과 해독 관리
자세와 운동관리
뇌와 마음관리

1

식습관
관리

66

최근에
꼬르륵 소리를 들어보신 적이
있나요?

99

식습관 관리

'무엇을, 언제, 어떻게 먹을 것인가?' 우리가 먹는 음식은 건강과 직결되는 아주 중요한 요소입니다. 건강을 위하여 음식을 먹는다는 것은 세 가지 내용을 그 안에 담고 있습니다. 무엇을 먹을 것인가? 언제 먹을 것인가? 어떻게 먹을 것인가? 이 세 가지입니다. 여기서는 우리의 평생 건강을 위한 첫 번째 항목으로 우리가 먹는 음식과 그 방법을 이야기해보려 합니다.

진시황은 불멸의 삶을 위해 다양한 방법을 모색하며 살았던 사람으로 알려져 있습니다. 진시황은 불멸의 삶을 실현해줄 불로초를 열심히 찾았습니다. 그러나 끝내 찾지 못하였습니다. 집요하게 영생할 수 있는 물질을 찾던 진시황에게 신하들은 수은을 바쳤습니다. 그러나 진시황은 죽었습니다. 그가 죽기 전에 보인 마지막 증상들을 근거로 현대의 의료인들이 추측하는 진시황의 사망원인은 뜻밖에도 아이러니 합니다. 현대 의료인들은 죽기 전의 증상으로 미루어 볼 때 진시황은 수은 중독으로 인해 병들어 사망했다고 생각하기 때문입니다.[1] 오래 살고 싶은 기대와는 반대로 오히려 수은이 진시황을 죽음으로 몰고 간 셈입니다. 수은이 이로울 것이라 기대하고 섭취했는데 오히려 해로운 결과를 가져왔습니다.

1) 혈당

장수의 비결, 헌미

교회에는 '헌미' 혹은 '성미'라는 아름다운 전통이 있었습니다. 성도들이 자신이 먹을 밥을 지을 쌀 가운데서 일부를 덜어서 헌금을 드리듯 교회로 가져오는 전통입니다. 교회는 그 쌀로 교회안에 있는 생계가 어려운 지체들이 밥을 먹을 수 있게 합니다. 헌미는 말하자면 다른 사람들을 배려한 긍휼의 마음, 그것이 하나님의 사랑이라는 신앙의 마음에서 우러난 교회의 아름다운 전통이었던 셈입니다. 기능의학 의사의 관점에서 '헌미'라는 전통을 다시 해석해 보았습니다. 자신이 먹을 쌀을 드렸으니, 헌미를

---

1   정진호, 『위대하고 위험한 약 이야기』, 푸른숲, 272쪽

기능의학 평생건강 4항목 집중관리

하신 분들은 자연스럽게 소식을 하게 되었을 것입니다. 혹은 금식을 하게 되는 상황도 있었을 것입니다. 현미로 인해 실천된 소식과 금식은 건강에 당연히 도움이 되었을 거라 생각합니다. 건강한 노년, 장수의 방법으로 저는 혈당을 관리하는 것이 가장 기본이 된다고 생각합니다. 소식과 금식은 혈당 관리에 아주 우수한 효과를 보이는 방법 중 하나로 증명되고 있습니다.[2]

'혈당'은 혈액 속에 있는 포도당을 말합니다. 밥, 빵, 면 등 탄수화물을 섭취하게 되면 타액에서 위액, 그리고 췌장액으로 소화가 된 후 포도당으로 분해됩니다. 이 포도당은 간을 거쳐 혈액으로 들어가 우리 몸의 중요한 에너지원이 됩니다. 에너지원으로써 중요한 역할을 하는 포도당은 간이나 근육에서 글리코켄으로 저장해둡니다. 그러나 간이나 근육에 저장할 수 있는 포도당의 양에는 한계가 있습니다. 그래서 탄수화물을 과도하게 섭취하면 혈액과 간, 근육 등에서 미처 다 저장하지 못하고 남은 포도당이 생기게 됩니다. 이렇게 남은 포도당은 체지방으로 축적됩니다. 의사들이 말하는 정상혈당은 이렇습니다. 공복

2　정양수, 『먹는 단식 FMD』, taste books, 40쪽

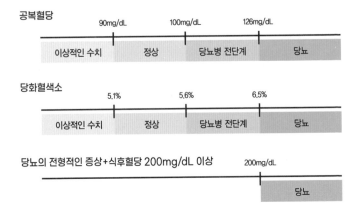

[그림 5] 당뇨병의 진단 기준

(8시간 이상 금식)혈당은 100mg/dl 미만, 식후혈당은 200mg/dl 미만, 당화혈색소는 5.6% 이하입니다. 그리고 기능의학 의사가 권장하는 이상적인 혈당수치는 공복혈당 90mg/dl 이하, 식후 125mg/dl 이하, 당화혈색소는 5.1% 정도입니다.

소식과 금식의 방법 이외에 혈당을 관리하는 방법으로는 정제 곡물 대신 현미와 같은 통곡물을 먹는 방법도 있습니다. 또 올리브오일이나 들기름을 즐겨 먹는 습관과 붉은 육고기는 최소한 섭취하면서, 유기농 식단을 유지하는 것이 좋습니다. 적당한 와인과 발효식품도 좋은 먹거리가

기능의학 평생건강 4항목 집중관리

됩니다. 또 적당한 운동은 높은 당 수치를 내려가게 합니다. 운동은 포도당의 사용을 증가시키고, 운동을 통해 근육의 양이 증가하면 포도당의 저장소가 증가하게 된 것이기 때문에 고혈당을 예방할 수 있습니다.

기능의학 의사의 하루 식사

저는 '닥터까막눈'이라는 유튜브 채널을 운영하고 있습니다. 유튜브 채널 "닥터까막눈"에 들어오시면 저의 하루식사 영상을 가장 먼저 볼 수 있습니다. 영상의 내용을 정리하면 이렇습니다. 아침에는 삶은 달걀과 낫토, 기버터에 볶은 야채를 먹고, 코코넛 오일을 섞은 발효차를 마십니다. 점심은 해독주스로 간단하게 배를 채웁니다. 저녁은 여러 가지 나물과 도토리묵 같은 건강식으로 만찬을 즐깁니다. 영상에서 확인하시겠지만, 저의 식단에는 밥과 굽거나 튀긴 음식이 없습니다. 붉은 육고기도 최소로 먹습니다. '밥과 굽거나 튀긴 음식이 없고 붉은 육고기가 없는 식사!' 매우 극단적인 식사로 느껴지실 텐데요, 이렇게 식단을 구성하는 숨은 의도는 하나입니다. 탄수화물을 최대한 배제한 식사를 하려는 것입니다. 탄수화물 섭취를 최대한 절제한 식단을 한 번쯤 시도해보시도록 권해드리고 싶습니다.

저는 '체휼'이라는 단어를 좋아합니다. 체휼은 내가 먼저 겪어 보고 공감하는 것을 말합니다. 상대방의 입장이 되어 상대방의 마음으로 체험을 해보는 것입니다. 그래서 저는 제가 직접 해보지 않은 것은 권유하거나 광고하거나, 공유하거나 하지 않으려고 노력합니다. 유튜브 영상에 나온 식단대로 수개월을 살아본 후 환자분들과 주변분들께 권하였습니다. 남은 평생 동안 밥과 밀가루, 튀김이나 붉은 육고기 없이 살아야 한다고는 말하지는 않습니다. 다만 1년 중 한 달 정도는 이러한 식단을 시도해보시라고 권합니다. 틀림없이 건강한 몸의 변화를 느끼실 것입니다. 기능의학 의사로서 권하는 음식과 금하는 음식은 그림 6의 표와 같습니다.

밀가루나 흰쌀과 같은 정제 곡물이나 탄산음료에 첨가된 과당시럽을 너무 과하게 섭취하면 혈당피크가 일어납니다. 혈당피크는 식후에 혈당이 140이상으로 미사일처럼 급격하게 날아오르는 것을 말합니다. 당화혈색소가 5.8% 이상이라면 혈당피크를 걱정할 필요가 있습니다. 인슐린이란 혈당을 낮추기 위해 췌장에서 분비하는 호르몬입니

제거 식이요법

참조:정양수님 제거 식이요법 치료

	먹을 수 있는 음식	먹을 수 없는 음식
탄수화물	현미, 현미찹쌀, 감자, 고구마, 단호박 등	흰쌀(흰밥, 떡), 밀가루(면, 빵, 떡), 정제된 탄수화물
단백질	콩, 두부, 낫토, 청국장, 자연산 생선, 문어, 오징어, 멸치, 닭(1번 달걀을 낳는 닭), 오리, 소, 돼지 등	유전자변형 식품 통조림, 가공육 계란(1번 계란은 섭취 가능)
유제품	무첨가 두유 등	우유, 요구트, 아이스크림, 생크림
견과류	호두, 아몬드, 잣 등	땅콩, 첨가물이 들어간 가공 견과류
지방	(생)들기름, 참기름, 아보카도유, 엑스트라버진올리브, 아마씨 등	마가린, 쇼트닝, 가공기름, 마요네즈, 조리용 경화유
채소	상추, 깻잎, 케일, 청경채, 배추, 시금치, 미나리, 숙주, 콩나물, 새싹채소, 브로콜리, 콜리플라워, 오이, 아스파라거스, 파, 당근, 연근, 우엉, 양파, 마, 가지, 토마토, 고추, 파프리카, 감자 등	맵고 짠 젓갈 김치
버섯	새송이, 느타리, 표고 등 (모든 버섯류)	
해조류	김, 미역, 파래, 다시마, 매생이 등	기름, 소금 등을 뿌려 가공된 해조류
과일	무농약 유기농 제철과일	통조림 과일
음료수	생수, 녹차, 커피차(약배전), 조금의 알코올 등	믹스커피, 탄산음료, 가공과일주스, 에너지드링크, 과한 알코올 등
양념/감미료	원당, 유기농 설탕, 조청, 천일염, 간장, 된장, 천연조미료, 강황, 생강, 정향, 계피, 식초 등	정제설탕, 액상과당, 인공감미료, 정제소금, 화학조미료, 각종 첨가물로 가공된 된장, 간장 등
가공식품		과자, 라면, 패스트푸드 (햄버거, 피자) 등
기호품		담배

[그림 6] 제거 식이요법

다. 인슐린은 혈당을 낮추고, 혈액 속의 포도당을 간이나 근육으로 이동하기도 하고, 남은 포도당은 지방조직으로 운반하여 비만을 초래하기도 합니다. 혈당피크는 과도한 인슐린 분비를 초래합니다. 과도하게 분비된 인슐린은 오히려 저혈당을 유발합니다. 저혈당은 다시 당 섭취를 요구하게 합니다. 그리하여 우리가 흔히 말하는 '당이 땡기는' 상황을 만들게 됩니다.[3] 이러한 일이 반복되면 우리 몸은 혈당피크와 함께 발생한 활성산소로 가득하게 되고, 그렇게 넘쳐나는 활성산소는 온몸의 각 기관들을 녹슬게 합니다. 혈관을 딱딱하게 만들고, 뇌세포를 죽게 합니다. 또한 동맥경화, 치매, 암, 대사질환 등을 유발할 가능성이 높아집니다. 과도한 당 섭취를 멀리하고, 당 수치를 서서히 올릴 수 있는 건강한 음식을 섭취해야 합니다. 이것이 혈당 관리의 기본입니다.

그런데 같은 식재료라 하여도 조리법에 따라 최종당화산물(Advanced glycation end products [AGEs])이 달라집니다. 최종당화산물이란 당이 결합(glycated)된 지방이나 단백질을

---

3 Ludwig DS, Aronne LJ, Astrup A et al. The carbohydrate-insulin model: a physiological perspective on the obesity pandemic. Am J Clin Nutr. 2021 1;114(6):1873-1885

삶은 소고기 (22)	약 3배	구운 소고기 (60)
삶은 달걀 (22)	약 2배 이상	달걀 후라이 (27)
생두부 (8)	약 5배 이상	두부 무침 (41)
삶은 감자 (17)	약 90배	감자 튀김 (1522)
삶은 닭 (1011)	4배 이상	구운 닭 (4291)
생연어 (475)	8배 이상	연어구이 (3901)

[그림 7] AGE 표(조리법에 따른 당독소 수치)

말합니다. 이 물질은 노화와 관련된 물질로 당뇨, 동맥경화, 만성신부전, 알츠하이머 등의 퇴행성 질환을 진행하고 또 악화시킵니다. 음식을 조리하는 과정에서는 단백질 또는 아미노산이 당과 화학 반응을 일으켜 색이 갈색으로 변하게 됩니다. 이때 특별한 풍미가 나타나는데 이것을 마이야르 반응이라고 합니다. 고온에서 당과 단백질이 합

‘기능의학 의사의 하루식사’ 영상
https://www.youtube.com/watch?v=UBuANtsyXT0

하여져 변성이 될때 일어나는 현상이 마이야르 반응이고, 마이야르반응의 마지막은 최종당화산물입니다. 그러므로 굽거나 튀긴 음식보다는 삶거나 데친 음식이 좋습니다. 같은 감자라도 찐 감자와 튀긴 감자의 최종당화산물은 큰 차이를 보입니다. 튀김이나 구운 음식을 건강한 식단에서 제외한 이유입니다. 건강한 식재료와 조리법으로 혈당을 관리하는 것은 평생 우리가 해야 할 정말 중요한 숙제입니다.

12+12-2 식사법

올바른 식재료와 조리법을 선택했다면 언제 먹어야 할 것인지에 대한 고민을 해야 합니다. 저는 환자들에게

	월	화	수	목	금	토	일
아침 (7:00)	O	O	X	O	O	X	O
점심 (월화목금일 12:30) (수토 14:00)	O	O	O	O	O	O	O
저녁 (18:00)	O	O	O	O	O	O	O

[그림 8] 12+12-2 표

기능의학 평생건강 4항목 집중관리

'12+12-2 식사법'을 권유하고 있습니다. 12시간 동안 음식을 섭취하고, 12시간 동안은 공복을 유지하면서, 일주일 중 2끼는 금식하는 식사법입니다. 그리고 평상시 활발히 활동하는 동안에는 비타민C 가루를 녹인 생수를 수시로 마시고, 식후에는 15분 이상 가벼운 산책이나 운동을 하는 것, 먹을 때는 늘 기쁘고 감사한 마음으로 좋은 먹거리를 가려 먹는 것을 '12+12-2 식사법'에 포함시켜 평상시의 습관으로 생활화 해보시기를 권합니다.[4] 평생 건강을 유지하는 효과적인 방법이 될 것입니다.

'방탄커피 만드는 법' 영상
https://www.youtube.com/watch?v=Vzm-xdKLMVs

'12+12-2 식사법' 영상
https://www.youtube.com/watch?v=uAaErYmA_z8

4   Manoogian ENC, Chow LS, Taub PR, Laferrere B, Panda S. Time-restricted Eating for the Prevention and Management of Metabolic Diseases. Endocr Rev. 2022 9;43(2):405-426.

만일 12시간 금식이 너무 힘들다면 공복을 유지하는 시간에 들기름이나 올리브오일 등을 먹는 것도 좋습니다. 건강한 달걀 노른자를 먹을 수도 있습니다. 좋은 달걀의 생 노른자에 한스푼의 들기름을 합하여 먹는 방법과 커피에 MCT 오일이나 기버터를 넣은 방탄 커피를 마시는 것도 추천할 만한 방법입니다. 사람에 따라 다르지만, 일반적으로 달걀은 하루 다섯 개 미만을 먹는 것이 좋습니다.

암 환우 권장 식사법

제가 존경하는 분께서 암 진단을 받으신 후 저는 12+12-2 보다 더 강력한 16+8 식단법을 권해드렸습니다. 16+8 식사법이란 16시간 동안 금식을 하고 남은 8시간 안에 음식물을 섭취하는 식사법입니다. 대부분 오전 11시부터 오후 5시 사이에 음식을 섭취합니다. 어려운 식사법이고 약간은 극단적인 식사법이지만, 저도 환자분들과 함께 식사법을 실천해보았습니다. 아침에는 야채수 한잔, 점심에는 삶은 달걀과 올리브오일 가득한 샐러드, 저녁은 건강한 만찬을 즐기는 방법으로 2년이 넘는 시간을 보냈습니다.

중병에 걸린 환자가 아니라면 앞서 소개했던 12+12-2

식사법도 충분히 건강에 좋은 영향을 줄 수 있을 것입니다. 하지만 12+12-2 식사법이나 16+8 식사법 모두 공통적으로 반드시 기억해야할 것이 있습니다. 배에서 나는 꼬르륵 소리를 듣는 것입니다. 배가 공복상태가 되어 '꼬르륵' 소리가 나는 것은, 가난해서, 배가 고파서 생기는 서글픈 소리가 아닙니다. 풍요롭기만한 이 시대에 나의 배에서 나는 '꼬르륵' 소리는 나의 뇌세포와 신경세포가 살아나고, 몸의 장기들이 제 역할을 잘 해내, 혈당이 잘 관리되고 있다는 것을 알려주는 신호입니다. 그래서 저는 꼬르륵 소리를 즐기고 있습니다. 최근에 꼬르륵 소리를 들어보신 적이 있나요? 언제 '꼬르륵' 소리를 들었었는지 기억이 나지 않을 정도라면, 반드시 잃어버린 '꼬르륵' 소리를 찾길 바랍니다. 때가 되어 습관적으로 배를 채우는 것보다, 꼬르륵 소리를 듣고 진짜 내 몸이 음식을 원하는 때에 즐거운 식사를 즐기시기 바랍니다.

암이나 극심한 당뇨 질환이 있는 환자들에게는 12+12-2 나 18+6 같은 식사법 조차 혈당조절에 효과가 미미한 경우도 있습니다. 이런 환자에게는 퀴노아 밥을 추천해드립니다. 현미나 백미 대신 퀴노아와 각종 견과류를 넣어 밥처럼 요리하는 방법입니다. 퀴노아 밥을 6공기 정도 대량으로 만들어 소분해 냉장고에 보관하며 조금씩 드시는 방법을 추천해드립니다.

냉장고에서 차가워진 밥은 당을 올리지 못하는 특징이 있습니다. 어려서 어른들이 '식은밥을 먹으면 살로 안 간다'는 표현을 많이 하셨던 기억이 있습니다. 실제로 차가워진 밥은 당의 상승에 저항성이 생기게 됩니다. 도저히 흰쌀밥을 포기할 수 없다고 판단되는 분들은 차선책으로 밥을 냉장고에 넣었다가 식은 밥을 데워 드시면 당 조절에 도움이 될 수 있습니다. 퀴노아밥을 만드는 방법을 구체적으로 소개한 영상 역시 '닥터까막눈' 채널에 업로드해놓았으니 참고하시면 좋겠습니다.

스트레스와 당의 연관성

적당한 운동과 마인드 컨트롤로 스트레스를 해소하고, 마음을 잘 관리하는 것 역시 혈당을 관리하는 아주 중요한

'퀴노아밥 만드는 법' 영상
https://www.youtube.com/watch?v=6QMfY1ToEPA

기능의학 평생건강 4항목 집중관리

요소입니다. 당 수치가 높아 고생하는 환자에게 '감사하는 마음을 가지세요'라고 말한다면 조금 우스꽝스럽게 들릴지도 모르겠습니다. 그러나 스트레스와 당은 아주 깊은 연관성이 있습니다. 사람의 몸은 스트레스를 받으면 순간 투쟁과 도피의 반응을 나타냅니다. 스트레스 요인과 싸울 것인지, 도망갈 것인지를 결정해야 합니다. 그런데 어떤 반응을 취하든지 추가적인 에너지가 필요합니다. 이때 우리 몸은 코티졸이라는 스트레스 반응 호르몬을 분비하게 하고, 분비된 코티졸은 추가적인 에너지를 만들어내기 위해 혈당을 높입니다. 스트레스 대신 감사하고 자족하는 마음을 갖는 것은 코티졸 분비를 완화시켜 결과적으로 안정적인 혈당을 유지할 수 있게 해줍니다.

최후의 수단, 메트포르민

학교 기숙사 생활을 하거나, 군 복무 같은 상황에서는 학식이나 부대식 같은 공동체 음식을 먹어야 하고, 식사 시간도 자유롭게 선택할 수 없는 경우도 있습니다. 개인적인 식단 조절에 의한 혈당조절이 불가능한 상황에 처하게 되는 것입니다. 이런 경우 어쩔 수 없이 약물을 선택해야 하는 경우도 있습니다. 저는 프렌치 라일락으로 알려진

식물 추출물을 좋아합니다. 당뇨병의 치료제로 '메트포르민'이라는 이름으로 널리 사용되고 있습니다. 당뇨환자에게 처방했을때 심혈관 위험도와 암, 알츠하이머, 기타 염증수치가 감소하는 효능을 추가적으로 보여주었기 때문입니다. 심지어 쥐 실험에서는 메트포르민을 혼합한 먹이를 먹은 쥐는 그렇지 않은 쥐보다 더 건강했고 더 오래 살았습니다.[5][6] 더 좋은 점은 오랜 시간 처방되었으나 중대한 부작용이 있었다는 보고는 상대적으로 적었다는 사실입니다. 부끄러운 고백을 하자면, 저는 홍시를 무척 좋아하여 홍시철이 되면 당화혈색소가 평소보다 0.7정도 올라갑니다. 지속적인 정상 이상의 당화혈색소는 당뇨병의 전단계가 됩니다. 홍시를 많이 먹게 되는 계절에는 저에게도 메트포르민이 필요합니다. 그러나 메트포르민은 전문의약품입니다. 병의원에서 처방을 받아야 합니다.

5 울산대학교 의과대학 서울중앙병원 내과, 『쥐에서 Metformin의 뇌실내 투여가 먹이섭취 및 시상하부 신경전달물질의 발현에 미치는 효과』, 당뇨병 제22권 4호 1998

6 TAME (Targeting Aging with Metformin) 임상실험 바질라이교수

2) 콜레스테롤

높은 콜레스테롤, 정말 위험할까?

심혈관계 질환이 보편화된 현대에는 의사든지 환자든지 콜레스테롤 수치에 매우 민감합니다. 특히 콜레스테롤 수치가 높아질 때 많은 우려를 나타내곤 합니다. 너무 높은 콜레스테롤이 더 위험할까요? 아니면 너무 낮은 콜레스테롤이 더 위험할까요? 높은 콜레스테롤은 언제나 정말 위험할까요? 일반적으로 많은 사람들이 높은 콜레스테롤 수치에 대한 위험도에만 관심을 가지면서, 낮은 콜레스테롤 수치가 보이는 각종 증상과 질병에 대해서는 별 관심을 갖지 않는 것 같아 보입니다. 저는 의사가 된 지 30년이 넘었습니다. 처음 콜레스테롤에 대하여 배울 때는 우리 몸에 꼭 필요한 물질로 배웠습니다. 그런데 어느 날 보니 콜레스테롤이 건강의 적이 되어 있었습니다. 콜레스테롤이 높으면 그에 따라 사망률도 높아지는 그래프를 많이 보았습니다. 선형이 아니라, 기하급수적으로 올라가는 그래프였습니다. 그런데 기능의학을 공부하면서 점차 생각이 바뀌게 되었습니다. 어떤 물질이든 우리의 세포벽을 만들고 호르몬을 만드는 재료가 되는 물질이라면 너무 부

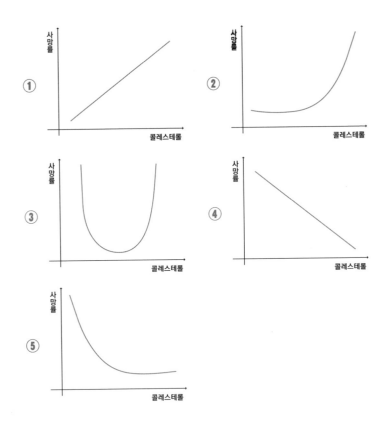

[그림 9] 선형그래프, 기하급수형그래프, U자형그래프

족해도 문제이고 너무 많아도 문제라는 생각을 하게 된 것입니다. 기능의학에 입각하여 보니 나의 머릿속에 그려지는 그래프는 U자형이 되었습니다.

기능의학 평생건강 4항목 집중관리

저희 병원을 방문하신 한 사모님의 이야기를 소개해보겠습니다. 사모님은 평소 무력감과 피로감으로 머리가 잘 돌아가지 않고, 깜빡깜빡 자꾸 기억을 잊는다며 일상생활의 어려움을 호소했습니다. 그분은 높은 콜레스테롤로 그동안 약을 복용해오신 분이었습니다. 총 콜레스테롤 검사를 하니 수치가 140이었습니다. 콜레스테롤 약을 복용하기 전 원래 수치는 250이었는데 콜레스테롤 약을 복용하시고 낮아진 수치가 140이었습니다. 그런데 그 이후에 위에 언급한 것과 같은 증상이 나타나서 저를 찾아오신 것이었습니다. 이분을 어떻게 치료하였을까요? 저의 진단과 처방은 간단하였습니다. 콜레스테롤 약물 복용을 중지하는 것이었습니다. 저는 의사로서 환자의 처방과 치료에 대하여 어떤 결정을 할 때는 습관적으로 많은 고심을 하고 또 근거 논문을 찾아서 확인을 하곤 합니다. 제가 그 사모님에게 고지혈증 약물인 스타틴을 중지시킨 것은 이 논문 때문이었습니다.

콜레스테롤 Hazard 그래프를 보시면 그래프가 직선형이 아닙니다. 기하급수형도 아니고 완전한 유자형도 아닙니다. 오히려 콜레스테롤이 부족할 때 사망률이 더 높아지는 것을 알 수 있습니다. 역 기하급수형으로, 콜레스테롤

All participtants

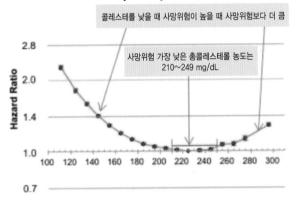

Men and women

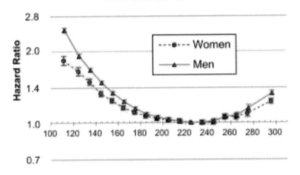

따라서 중년층 이상인 경우, 총콜레스테롤 농도가
210~249mg/dL에 해당한다면 향후 심장병 위험은 조금 높지만,
낮은 콜레스테롤 농도와 관련 있는 뇌출혈과 만성폐쇄성폐질환,
간질환 등의 질병을 앓을 가능성이 적기 때문에 전체적인
사망위험은 오히려 낮을 수 있다는 게 이 교수의 해석이다.

[그림 10] 콜레스테롤 하자드[7]

기능의학 평생건강 4항목 집중관리

이 너무 낮은 경우 위험도와 사망률이 날라 올라갑니다.[8] 이 논문에 따르면 사모님께서 콜레스테롤 약을 복용하시기 전 수치인 250 정도의 경우 사망 위험도가 가장 낮습니다. 이 논문은 정말 귀한 논문입니다. 왜냐하면 외국인이 아닌 대한민국 국민을 조사 대상으로 하였고, 또 1800만명 이상이라는 엄청난 표본의 수가 있으면서 무려 10년이라는 긴 시간 동안을 추적검사한 논문이기 때문입니다. 논문의 저자는 이렇게 말했습니다.

이상욱 교수는 "심장병 위험 측면에서 볼 때 총콜레스테롤 농도를 200 미만으로 관리하는 게 바람직하지만, 뇌출혈과 만성폐쇄성폐질환, 간질환, 간암 등의 관련 질환을 모두 포함할 경우에는 210~249㎎/㎗에서 사망위험이 가장 낮았다는 의미"라고 연구 결과를 설명했다.

심장병 하나만 고려한다면 총 콜레스테롤 수치는 200미만으로 하는 것이 좋고, 모든 것을 종합하여 고려한다면

---

7 연합뉴스 기사 일부 발췌 https://www.yna.co.kr/view/AKR20190304160500017?input=1195m

8 Total cholesterol and all-cause mortality by sex and age: a prospective cohort study among 12.8 million adults /이상욱 외 2명 /https://pubmed.ncbi.nlm.nih.gov/30733566/

총 콜레스테롤 수치가 210-249mg/dl이 좋다는 말입니다. 제가 임상에서 접하는 환자들 가운데 많은 수는 콜레스테롤 수치가 과도하게 내려가면 인지 기능이 떨어졌습니다. 기억력이 나빠지고, 심한 경우 치매와 뇌혈관 발생률이 높아졌습니다. 저는 논문과 많은 임상결과를 통하여 콜레스테롤이 너무 높으면 뇌혈관과 심혈관 질환이 높아지는 일반적인 개념과는 정반대의 결론을 내릴 수 있었습니다. 콜레스테롤 수치가 너무 낮은 것이 더 큰 문제라는 결론이었습니다. 그래서 콜레스트롤 수치를 낮추는 약물 복용을 중지하도록 권하였습니다. 일률적으로 콜레스테롤을 낮추는 것에 초점을 맞춘 처방은 심혈관질환만을 고려하는 데서 온 콜레스테롤에 대한 잘못된 인식과 두려움으로부터 온 것이라고 할 수 있을 것입니다. 그러나 전인적인 건강을 고려하는 보다 광범위한 건강관리 차원에서 콜레스테롤의 역할을 고려한다면 때로는 콜레스테롤을 낮추는 약 복용을 중지하는 것도 필요할 것이라고 생각합니다. 대한민국 국민은 콜레스테롤 수치가 210-250 정도 일때 사망률이 가장 낮다는 통계를 유념할 필요가 있습니다.

TG/HDL Ratio	
Ratio	Risk Level
1:1 or Less	Optimum
2:1	Low Risk
3:1	Moderate Risk
4:1	High Risk

[그림 11] TG/HDL 비율표

기능의학 의사의 중성지방 관리

물론 콜레스테롤 수치가 높은 것을 무작정 방치할 수는 없습니다. 다음은 중성지방(TG)과 좋은 콜레스테롤로 알려진 고밀도 콜레스테롤(HDL)의 비율을 보여주는 표입니다. (그림11. TG/HDL 비율표) 중성지방(TG) 수치를 고밀도 콜레스테롤(HDL)의 수치로 나눈 숫자가 4이상이면 뇌혈관, 심혈관, 치매 질환의 위험도가 높아집니다. 6이 넘어가면 아주 위험하다고 판단할 수 있습니다. 치매 증상을 보이기 직전의 경우, 4~5 이상의 수치를 보이는 분들이

[그림 12] 달걀 난각번호

많았습니다. 일반적으로 수치 2 이하를 유지할 것을 권하고 있고, 1 이하가 나오면 아주 이상적인 상태라고 할 수 있습니다. 콜레스테롤 약을 복용하기 전 TG/HDL 수치를 확인해보시는 것이 좋겠습니다. 저는 콜레스테롤 수치가 250이 조금 넘어도 TG/HDL 비율이 2 정도이면 약 처방을 주저합니다.

중성지방(TG) 수치를 낮추는 방법

밀가루나 흰 쌀밥을 드시면 중성지방(TG) 수치가 올라갑니다. 밀가루 섭취를 중지하고 현미로 탄수화물 섭취를 대체하면 중성지방(TG) 수치는 내려갑니다.

기능의학 평생건강 4항목 집중관리

HDL 콜레스테롤 수치 올리는 방법

건강한 달걀 혹은 좋은 달걀 노른자나 들기름을 먹습니다. 달걀 노른자를 많이 먹는 것은 높은 콜레스테롤을 컨트롤 하는 데 좋지 않다는 인식이 한국 사회에 퍼져있습니다. 하지만 좋은 달걀 노른자를 먹으면 콜레스테롤(HDL) 수치가 잘 올라가고, 결과적으로 중성지방(TG)과 콜레스테롤(HDL) 비율을 조절하기 때문에 우리 몸에 더 유익한 결과를 가져옵니다. 그래서 저는 환자분들께 좋은 달걀 노른자를 찾아 드실 것을 권하고 있습니다.

건강하고 좋은 달걀은 어떤 달걀일까요? 좋은 환경에서 방목되어 사는 닭이 낳은 달걀입니다. 사료와 항생제를 사용하지 않고 키워낸 닭에서 나온 달걀이 정말로 건강한 달걀입니다. 저희 가족이 먹고 있는 달걀 업체는 닭의 주식으로 들깻묵(들기름을 짜고남은 섬유질)을 발효시킨 것에 고추 씨앗을 섞은 것을 먹이고 있습니다. 들깻묵에는 오메가 3가 많이 함유되어 있기 때문에 닭은 자연스럽게 오메가 3가 가득한 건강한 달걀을 낳습니다. 좋은 달걀에는 오메가 3와 6의 비율이 일정하게 갖추어져 있습니다. 오메가 3가 많은 달걀은 콜레스테롤(HDL) 수치를 올리고, HDL 수치가 올라가면 TG/HDL 수치는 안정을 찾을 수 있습니다.

업체의 상황을 살펴볼 수 없다면 좋은 달걀을 구별해낼 수 있는 다른 방법을 사용해보시길 바랍니다. 먼저 달걀 구매 시 난각번호를 확인하여 1번 달걀을 선택하시기 바랍니다. 난각번호는 달걀 껍질에 산란일, 생산 농장의 고유번호, 사육환경 번호가 순서대로 새겨진 번호입니다. 1번은 야외방사장에서 풀어 키운 닭이 낳은 달걀을, 2번은 야외 방사장은 없으나 넓은 실내공간에 풀어 키운 닭이 낳은 달걀을, 3번과 4번은 좁은 케이지에 가두어 공장형으로 키운 닭이 낳은 달걀을 의미합니다. 난각번호의 마지막 숫자가 1인 달걀을 선택하시기 바랍니다. 그리고 구입한 달걀에 이쑤시개를 꽂아보는 것도 재미있는 구별방법이 됩니다. 제 지인 선배 중에는 넓은 폐교 부지에 닭 10마리 정도를 키우는 분이 있습니다. 이 분이 주신 달걀에 이쑤시개를 꽂아본 적이 있습니다. 이쑤시개 140개 정도를 꽂을 때까지 노른자가 터지지 않았습니다. 참으로 건강한 달걀이었던 것입니다.

계란에 이쑤시개 꽂는 영상
https://www.youtube.com/watch?v=JdWycjUslWc

3) 장내 미생물

임신과 출산

최근 들어 건강한 아이를 출산하기 위해 산전 검사를 받고 싶어하는 여성분들이 병원을 찾아옵니다. 건강한 아이를 출산하기 위해 중요한 것 중에 하나는 장내 미생물관리가 아닐까 생각합니다. 아이를 출산할 때 여성의 질 산도에는 장내 유익균들이 모여 증식합니다. 그리고 아이가 자궁에서부터 질 산도를 거쳐 밖으로 나오는 과정에서 아이에게 모든 장내 유익균들이 전달됩니다. 저는 이 과정을 가리켜 '유익균 세례'라고 표현하곤 합니다.

제가 생각하는 가장 나쁜 산전 준비 사례는 이렇습니다. A여성은 사주를 보러가서 아기를 낳으면 가장 좋을 날짜를 받아 임신을 계획합니다. 정확한 날짜 계산 후 임신할 날까지 피임약을 먹다가 날짜가 되면 피임약을 중단한 후 임신을 합니다. 이런 경우 피임약으로 인해 A여성의 장내 유익균들은 모두 초토화되고, 자연스럽게 방광염을 비롯한 여러 염증 반응들이 일어납니다. 방광염으로 병원에 가면 염증을 치료하기 위해 항생제를 사용하고, 항생제 사용과 함께 열이 나면 진통소염제도 사용합니다. 또한 정확한 날짜와 시간에 아기를 낳아야 하기 때문에 대부분 제왕절개로 아기를 낳습니다. 요즘에는 여러 가지 이유로 모유수유가 쉽지 않습니다. 이런 경우 아이는 엄마로부터 건강한 유익균을 받을 수 있는 기회를 놓치게 됩니다.

엄마로부터 장내 유익균을 충분히 받지 못하는 아이는 높은 확률로 중이염을 포함한 여러가지 질병에 걸립니다. 아이가 자라가면서 아이가 앓는 다양한 질병들을 치료하기 위해 항생제와 소염제를 사용하게 됩니다. 열이 난다면 해열제나 소염진통제를 사용합니다. 항생제와 소염제, 해열제는 아이의 장 안에 남아있던 조금의 유익균 마저 사라지게 합니다. 그 결과 발달장애, 자폐증, 주의집중 장애 등 치료가 쉽지 않은 병을 갖게 될 수 있습니다.

이 원리는 코알라나 팬더 같은 동물들의 모습에서도 쉽게 찾아 볼 수 있습니다. 엄마 코알라는 아기 코알라가 태어나면 자신의 똥을 먹게 합니다. 코알라가 주식으로 먹는 유칼립투스 나뭇잎을 소화하고 분해하는 능력이 있는 장내 유익균을 아기 코알라에게 전해주는 것입니다. 아기 코알라에게 똥을 먹이는 것을 막으면 아기 코알라는 영양실조에 걸릴 것입니다.

2차 대전이 일어났을 때 독일과 연합군이 북 아프리카에서 전쟁을 했습니다. 그리고 연합군이 승리하였습니다. 역사가는 이 전쟁을 두고 결과적으로 연합군이 승리했다고 단순하게 기록합니다. 그러나 의사의 관점에서 보았을 때는 전염병으로부터 병사들이 더 많이 살아남은 쪽이 이긴 전쟁이라고 생각합니다. 그렇게 단정하는 데는 분명한 근거가 있습니다. 그 전쟁 당시 엄청난 설사병이 돌았습니다. 그런데 그 병을 치료하기 위하여 건강한 낙타의 똥을 먹었다고 합니다. 결국 이런 치료법을 받아들인 군대만이 살아남을 수 있었던 것입니다. 그것이 전쟁 당시 열악한 상황에서 할 수 있는 최선의 치료법이었다고 생각합니다. 또 한 가지 예시로 앤드류 볼튼이라는 아이의 이야기가 있습니다. 아이의 중이염 치료를 위해 항생제를 투여했더니 중이염은 치료되었지만 자폐가 생겼습니다. 이 사실을 근거로 항생제가 장내 유익균을 죽여 아이에게 자폐가 생겼다는 가설을 세우게 된 사례도 있습니다.

그렇다면 불가피한 사정으로 제왕절개 출산했을 경우에

아이에게 유익균을 물려줄 방법은 없을까요? 이런 경우 거즈요법을 사용해볼 수 있습니다. 산모의 산도에 거즈를 넣어두었다가 거즈에 유익균이 많이 묻어나오면 아기의 얼굴과 입술, 코를 위주로 잘 닦아주는 방식입니다. 저는 제 아이들이 태어났을 때도 얼굴에 묻어있는 유익균들을 닦지 말아달라고 간호사에게 부탁했었습니다. 앞으로 손주나 조카들이 제왕절개로 태어난다면 거즈요법을 권할 계획입니다. 혹 제왕절개로 아이를 낳고, 거즈요법도 사용해보지 못했다면 가능한 모유수유를 하는 것이 좋습니다. 아이에게 진한 스킨터치와 뽀뽀를 해주는 것도 도움이 될 수 있습니다.

소화와 흡수의 시작

올바른 소화와 흡수는 어디서부터 시작될까요? 위장도, 입도 아닙니다. 바른 소화와 흡수는 주방과 식탁에서부터 시작됩니다. 제 아이들은 종종 아내와 함께 식재료 손질을 하곤 합니다. 어려서부터 식재료를 만져보고 손질하게 했던 것은 단지 각종의 식재료를 다루는 방법을 가르치려는 것이 아니었습니다. 직접적인 촉감과 후각으로 식재료를 느끼는 과정은 소화와 흡수의 시작이 되어 건강에 유익하기 때문입니다. 또 일정한 리듬으로 도마와 부딪히는 주방 칼의 경쾌한 소리를 듣습니다. '파블로프의 개(Pavlov`s dog)' 실험은 한 번쯤 들어보셨을 겁니다. 종을 쳐서 청각으로 뇌에 자극을 주고 먹이를 주는 행위를 반복하면. 종소리만 들어도 침을 흘리는 개의 모습을 관찰한 실험입니다[9]. '조건반사' 개념을 알려준 생물심리 실험입니다. 사람도 파블로프의 개와 비슷합니다. 도마에 부딪히는 경쾌한 주방 칼 소리를 들으면 우리의 위장은 음식물을 받을 준비를 합니다. 겉으로 보이지는 않지만 위장은 벌써부터 타액과 소화액, 위산을 분비시켜 음식물 섭취를 준비합니다. 도마 소리가 멈추고, 보글보글 끓는 소리와 맛있는 냄새가 나기 시작하면 위장은 더욱 철저한 준비를 합니다.

완성된 음식이 식탁 위로 올라오면 우리는 먼저 눈으로 음식을 즐겨야합니다. 요리사에게 감사를 표하고, 멋진 식탁에 칭찬을 덧붙이면 더 좋습니다. 종교에 따라 식전 기도를 하거나, 부모님께 감사 인사를 하는 시간은 위장에게 소화를 준비하는 충분한 시간이 됩니다. 식사 직전

---

9 파블로프의 고전적 조건 형성 이론

멋진 플레이팅을 사진으로 찍어 훗날 그날의 식탁을 추억하는 것도 좋은 방법이 될 수 있을 것 같습니다. 식사 전 잠깐의 시간이지만 소화장애와 역류성 식도염이나 위염 등을 줄일 수 있는 놀라운 효과를 가져옵니다.

드디어 음식을 입 안에 넣었다면 열심히 저작(씹기)해야합니다. 저작은 소화액과 췌장액 등의 분비를 촉진합니다. 이것은 장폐색 질환을 예방하고 역류성 식도염의 증상을 완화합니다. 또한 스트레스 호르몬인 코티졸의 수치가 감소합니다. 세로토닌 분비가 많아져서 집중력과 사고력, 암기력이 좋아진다는 의견도 있습니다. 또한 과식을 막아주어 탄수화물 섭취가 감소합니다. 식사 시간뿐만 아니라 일상생활에서도 습관처럼 실천해볼 수 있습니다. 껌을 씹거나 물이나 차를 마실 때도 씹어 먹는 것이 좋습니다. 다작이 습관이 되면 노화가 더디어지고 치매의 위험에서 멀어질 수 있습니다. 야구선수들이 시합에서 껌을 씹는 것은 집중력에 도움이 되기 때문입니다. 수험생이 시험보기 전 껌을 씹는 것도 도움이 됩니다. 경도인지 장애가 있는 부모님이 치아에 문제가 있으시면, 틀니나 임플란트 같은 시술을 꼭 해드리는 것이 좋습니다. 치아가 빠진 뒤 그냥 살아가는 사람과 치아가 20개 이상 있는 사람을 비교했을 때 치아가 없는 사람의 치매발생 가능성이 무려 1.9배 높다는 논문이 발표되기도 했습니다.[10] [11] 이처럼 다작은 소화와 흡수뿐만 아니라 뇌 건강에도 큰 영향을 미칩니다.

음식을 보고, 냄새를 맡고, 요리하는 동안 오감에 집중하여 소리를 듣고, 뜨겁고 차가운 것을 느껴보십시오. 그리고 저작하는 감각을 더해 새로운 맛을 느끼길 바랍니다. 저는 기본 30회 정도 저작하는 습관을 가지려고 노력하고 있습니다.

유익균 섭취하기

우리 몸속 장내 미생물은 항생제의 영향을 받습니다. 우리가 병원에 가서 항생제 주사를 맞거나 항생제를 처방받아 복용하면 장내 유익균들은 대부분 죽게 됩니다. 항생제를 직접 섭취하지 않는다 하여도 항생제로부터 장내 유

---

[10] 강경리, 『Association between dementia and oral health』, 2018. 04

[11] 차재국 박진영 고경아, 연세대학교 치과대학 치주과학교실 연구진, 연세 의학 저널

익균들을 보호하기란 쉽지 않습니다. 우리가 즐겨 먹는 소나 돼지를 키울 때 항생제를 사용하는 경우가 많기 때문입니다. 저는 삼겹살에 비해 지방이 적은 돼지 목살을 즐겨 먹었습니다. 하지만 대부분의 축사에서 돼지 목에 항생제를 주사하는 것을 알게 된 후부터는 돼지목살을 먹는 것도 조심스러워졌습니다.

장내 미생물의 균형을 관리하는 것은 무척 어렵습니다. 하지만 장내 미생물은 여러 질병에 직접적인 영향을 주기 때문에 그 관리를 소홀히 할 수 없습니다. 지금이라도 우리가 할 수 있는 최선의 방법을 찾아 실천하면서 장내 유익균의 발전을 돕는 것을 권합니다. 된장, 청국장, 낫토 같은 발효음식을 꾸준히 섭취하는 것이 좋습니다. 발효음식을 통해 생긴 장내 미생물들이 잘 자랄 수 있도록 식사 전 소량의 식초를 섭취하는 것도 좋습니다. 이러한 방법은 특별하고 거창한 방법이 아니기 때문에 장내 미생물 관리에 대한 효과에 대하여 의문을 품는 분들도 있습니다. 하지만 주의집중 장애를 가진 아이에게 탄산음료, 피자, 치킨 등과 같은 음식과 가공식품을 끊고, 낫토를 꾸준히 섭취하도록 하여 장애가 해결된 사례도 있었습니다. 위에 제시한 간단한 방법들을 통해 장내 유익균들을 효과적으로 관리하시길 바랍니다.

그러나 유익균만 관리한다고 해서 끝난 것이 아닙니다. 장내 미생물을 오래 연구한 결과, 유익균뿐만 아니라 유해균, 눈치균이 다 있어야 보다 건강한 몸을 만들 수 있다는 결론에 이르게 되었습니다. 즉 장내 미생물의 다양성이 확보되어야 합니다. 장내 미생물에 대하여는 이해를 쉽게 하기 위하여 대부분 유익균과 유해균으로 분류하여 설명을 합니다. 그러나 장내 미생물의 세계는 무척 다채롭고 넓어서 눈치균으로 분류된 다수의 장내 미생물도 존재합니다. 다만 이들이 어떤 역할을 하는지는 아직 다 밝혀지지 않았습니다. 그러나 다양한 음식을 섭취한 그룹과 건강식으로 유명한 특정 음식을 선택적으로 섭취한 그룹을 비교하는 연구에서 다양한 음식이 오히려 건강에 더 유리하다는 결과가 나타났습니다. 유익하다고 알려진 음식을 섭취하는 것도 중요하지만 더 중요한 것은 음식을 다양하게 섭취하는 것이라는 사실을 알려줍니다. 좋은 음식만 골라서 편식하는 것은 평생의 건강을 관리하는 지혜로운 방법이 아닙니다.

▶ '건강한 후손을 원하시는 분들께' 영상
https://www.youtube.com/watch?v=hFbYDVJ30g8

4) 장내 미생물과 연관된 질병

헬리코박터

헬리코박터는 위 안에 있는 균입니다. 위암의 원인이 되고, 위장병, 십이지장궤양 등 각종 질병을 일으키는 것으로 알려져 있습니다. 점차 연구가 많아지면서 간염이나 전신통증도 일으키고 백내장과 녹내장, 건망증, 경도인지장애, 치매와도 연관성이 있을 것이라는 연구 결과들이 계속 나오고 있습니다. 녹내장 환자가 저를 찾아온 적이 있었습니다. 저는 헬리코박터 검사를 했는데, 그것이 과잉검사로 오해를 받은 적도 있었습니다. 그때는 헬리코박터가 잘 알려지지 않았을 때였습니다. 지금은 헬리코박터와 녹내장의 연관성이 확인되어 부담 없이 검사할 수 있습니다.[12]

헬리코박터 검사를 해보면 우리나라 성인의 약 60% 정도에서 양성이 확인되어 제균요법를 시행합니다. 그러나 1

---

[12] 서울의대 박기호, 김석환 교수팀, 성균관의대 김준모 교수팀, 『안과시과학연구 (Investigative Ophthalmology and Visual Science, IOVS) 저널』

차 치료 성공률은 70%밖에 되지 않습니다. 임상에서는 제균치료한 환자들 중 절반 이상이 재발하는 것으로 판단됩니다. 위암의 경우 헬리코박터를 치료하면 재발율이 13%에서 7%로 감소하기 때문에 반드시 제균해야 합니다.[13] 그런데 제균요법의 약물에 반응하지 않거나 재발한 경우에는 감식초와 같은 식초류, 감초 뿌리 성분인 DGL, 밤 안 껍질인 율피, 3년 발효된 매실액, 엑스트라버진 올리브오일, 매자나무에서 추출한 베르베린[14], 추어탕에 넣어 먹는 젠피 등을 헬리코박터 제균요법의 보조요법으로 사용하기도 합니다.

우리의 장 안에서는 유익균주가 부족하면 유해균주가 증가하는 경향이 있습니다. 반대로 유해균주가 적으면 유익균주가 증가합니다. 유익균의 증가를 위해서는 유산균이나 된장, 청국장, 낫토, 발효된 김치 등을 섭취할 것을 권합니다. 헬리코박터가 없으면 위암에 걸릴 가능성도 무척 낮아집니다.

13　서울아산병원 소화기내과 정훈용 교수팀, 『미국소화기학회 공식 저널(The American Journal of GASTROENTEROLOGY』

14　IRF8-IFN-γ 신호전달축 억제를 통한 헬리코박터 파이로리 유발 만성 위축성 위염 치료에서 베르베린의 기전 https://pubmed.ncbi.nlm.nih.gov/32097666/

장상피화생

장상피화생은 위의 상피가 변형을 일으켜 장의 상피와 닮은 조직으로 변하는 질병입니다. 간에는 간세포가 있어야 하고, 위에는 위 세포가 있어야 하고, 장에는 장 세포가 있어야 합니다. 세포가 자기 자리를 지키지 못하고 다른 자리에 가 있는 것은 큰 문제를 일으킵니다. 만약 간세포가 장에 자리를 잡고 있거나, 장 세포가 위에 있다면, 그것은 일종의 암이라고 판단할 수 있습니다. 헬리코박터균에 감염되었는데 오랜 시간 치료하지 못했다면 만성적인 염증이 생기게 됩니다. 이것은 정상적인 위점막의 변형을 유발합니다. 그 결과 위의 상피가 소장의 상피와 비슷하게 변형됩니다. 그렇게 일정 기간이 지나면 대장의 상피와 비슷한 조직학적 변형을 가져옵니다. 이런 증상은 위암으로 발전될 가능성이 있습니다. 그래서 병원에서는 환자에게 6개월에서 1년 간격으로 정기적인 위내시경 검사를 권합니다. 필요에 따라 조직검사를 진행하기도 합니

영상 : 장상피화생
https://www.youtube.com/watch?v=hRf-64eqcYU

다. 장상피화생을 치료하는 것은 쉽지 않습니다. 하지만 기능의학으로 환자를 치료하는 의사 선생님들 중에서는 장상피화생을 치료하여 좋은 결과를 만들어내는 것을 종종 볼 수 있습니다.

편평태선

구강 내 편평태선은 입안 점막에 흰색 그물 모양 반점이 나타나는 질환입니다. 주로 뺨 안쪽에 발생합니다. 통증이 심한 궤양을 일으키기도 하고, 큰 불편감을 느끼지 못하는 분들도 있습니다. 하지만 이 또한 암으로 발전될 가능성이 있기 때문에 주기적인 관찰이 필요합니다. 구강내 편평태선이 있다면 식사 후 구강 관리에 더 큰 열정을 가지셔야 합니다. 저는 편평태선 질환 환자들에게 물병 2개를 가지고 다닐 것을 권합니다. 한 병은 소금물 가글을 위한 용도이고, 다른 한 병은 분말 형태의 비타민C를 물에 타서 입안을 가글을 하며 마시기 위한 용도입니다. 그리고

영상 링크 : 편평태선
https://

매일 저녁 오일풀링을 하도록 권하기도 합니다. 특별한 치료 없이 장내 미생물 관리와 구강 내 미생물 관리, 그리고 부족한 미네랄의 공급 등으로 호전되는 경우도 있습니다.

류마티스와 구취

류마티스 관절염 환자가 저를 찾아온 경우에는 저는 일부러 마스크를 벗고 환자에게 가까이 다가가 상담을 진행하면서 진료를 시작합니다. 환자의 구취 정도를 파악하기 위해서입니다. 코로나 시기에는 마스크를 벗을 수 없으니 환자 스스로에게 구취의 정도를 진단하게 했습니다. 구취자가 진단을 하는 방법은 혀로 손등에 타액을 묻히고 그 냄새를 확인해보는 것입니다. 또는 치실을 치아 사이에 끼워 넣고 몇 초 후에 냄새를 맡아보는 방법도 있습니다. 심한 구취의 원인은 구강내 염증이나 역류성 식도염이 될 수 있습니다. 구강내 관리로 구취가 치료되면 류마티스 역시 호전되는 경우가 있습니다.

기능의학 의사의 장관리 습관

환자들에게 여러 가지 장 관리 방법을 공유하기 전, 저는 스스로 직접 실천해보는 기간을 갖습니다. 오랜 시간 동안 다양한 방법들을 시행해본 결과 장 관리에 탁월한 효과를 보이는 몇 가지 좋은 습관들을 정리하였습니다.

가장 먼저 소개할 것은 식사 전 습관입니다. 같은 음식이어도 먹는 순서에 따라 당이 올라가는 수치가 달라집니다. 저는 식사 전에 오이피클이나 양배추 발효식품인 자우어클라우트, 양배추와 당근을  넣어 만든 라페, 혹은 식초류를 먼저 섭취합니다. 그 후에 샐러드, 메인요리, 반찬, 밥 순서로 식사를 합니다. 식사를 시작한 지 10분이 넘은 후에 밥 그릇을 열면 포만중추가 자극되어 밥을 적게 먹어도 포만감이 있습니다. 10분 알람을 한번 사용해보시길 바랍니다. 건강한 장 관리와 더불어서 굶지 않아도 건강한 다이어트 효과도 경험할 수 있게 됩니다.

두 번째로 소개할 것은 식사 중 습관입니다. 대부분의 의사들이 그렇듯, 저는 위장이 건강하지 않습니다. 오랜 시간 인턴과 레지던트로 근무하면서 제대로 된 식사 시간을 즐기지 못한 날들이 많았습니다. 식사 중이라도 응급환자가 오면 곧장 뛰어나가야 했기 때문에 불어서 떡이 된 면과 식은 밥을 자주 먹어야 했습니다. 이러한 일이 반복되자 결국 누군가에게 쫓기듯 짧은 시간 안에 식사를 해치우는 것이 습관이 되었습니다. 젊은 시절에는 소화 기능이 뛰어나서 큰 문제가 없었습니다. 그러나 중년이 된 지금은, 허겁지겁 밥을 먹어 치우는 습관은 저의 건강관리에 너무 위험한 요인이 되었습니다. 저는 다작하며 천천히 식사하는 습관을 길러야 했습니다. 다작하면서 천천히 식사하는 습관을 길러보시기를 권합니다. 급히 먹는 식사보다는 차라리 금식이 더 건강에 유익하다고 생각합니다. 저희 병원에서는 오후 진료가 있는 날이면 직원들이 90분의 점심시간을 갖게 합니다. 천천히 여유롭게 식사하는 것이 얼마나 중요한지 알기 때문입니다.

마지막으로 소개할 것은 식사 후 습관입니다. 식사 전 습관과 식사 도중의 습관도 중요하지만 식사 후 습관은 더 중요합니다. 식사 후에는 양치와 치실을 꼭 사용하시기 바랍니다. 치아 사이에 음식물 찌꺼기가 있으면 구강 안에서 세균이 증식할 수 있습니다. 잠자기 전에는 오일풀링을 하고, 아침에 눈을 뜨면 입안에 고인 침을 삼키기 전

기능의학 평생건강 4항목 집중관리

에 먼저 소금물 가글을 하는 것이 좋습니다. 또한 주기적으로 치과를 찾아가 스케일링으로 치아 관리를 하는 것도 좋은 방법입니다. 구강 내에 음식물 찌꺼기가 남아있을 경우 구강은 균이 잘 자라는 환경이 됩니다. 양치하실 때는 꼭 혀도 닦아주시고 치아를 넘어 입안 점막 전체를 깨끗하게 관리하는 것이 좋습니다. 앞서 소개한 방법들을 실천하지 않고 구강 관리에 소홀히하면 치은염이 발생할 수 있습니다. 치은염 환자의 경우 알츠하이머와 같은 치매에 걸릴 가능성이 증가한다는 연구 결과가 있습니다.[15] 구강 내의 지속적인 염증은 치매를 유발할 수 있습니다.

---

15   강경리, 『Association between dementia and oral health』, 2018.04

2

오염과
해독 관리

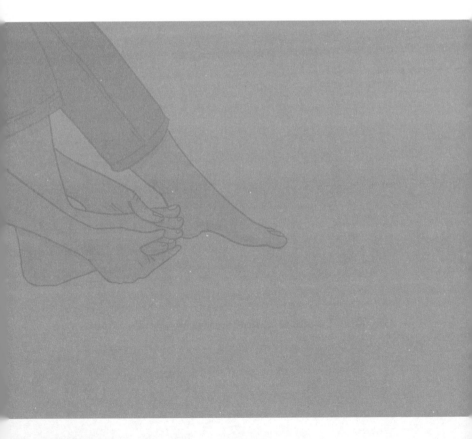

오염의 실태
지방 감옥
중금속과 독소 해독
중금속과 독소 해독 / 전가치료 / 해독을 위한 순환 마사지
/ 혈관해독

66

오늘날 우리가 사는 이곳은
오염물질이 관영한 상태라고 볼 수 있습니다.
미세먼지에도 환경오염물질이 들어있고,
마시는 물에도, 먹거리에도
오염물질이 가득합니다

99

1) 오염의 실태

어릴 적 언젠가 '물을 판다'는 소리를 듣고 큰 충격을 받았던 기억이 있습니다. 대한민국에는 물을 길어 먹을 수 있는 우물이 마을마다 있는데 어떻게 물을 사서 마신다는 것인지 도무지 이해할 수 없었습니다. 봉이 김선달 이야기가 생각나기도 했습니다. 하지만 몇십년이 지난 지금, 우리는 물을 사서 마시지 않을 수 없는 시대에 살고 있습니다. 매 순간 들이마시는 공기조차 오염되어 매일 아침 미세먼지 수치를 확인하고 마스크를 챙기는 것은 자연스러운 일이 되었습니다.

인체를 구성하는 요소를 크게 나누어 보면 물, 공기, 탄수화물, 지방, 단백질이 있습니다. 지구 전체가 오염되다 보니 우리 몸을 구성하는 요소들 역시 오염되고 있습니다. GMO 농작물 재배와 제초제 사용으로 인하여 오염되지 않은 탄수화물 함유 식재료를 구하는 것이 쉽지 않습니다. 좋은 단백질 식재료를 구하기도 무척 어려운 것이 현실입니다.

저는 20대 중반 어린 의사 시절, 시골 보건소에서 근무하였습니다. 발령을 받고 처음 바닷가 마을에 도착한 날, 각 기관에 인사를 드리고 나니 저녁 식사 시간이 되었습니다. 쌀이나 김치 등 먹을 것이 하나도 없었습니다. 보건소 바로 앞 바닷가에 신발을 벗고 들어가서 저녁 식사를 위한 꼬막을 10개쯤 캐내고 있을 때였습니다. 몇 시간 전에 인사드린 경찰이 오토바이를 타고 달려왔습니다. 저를 알아보시곤 "많이 캐셨어요?"라고 물으시더군요. 저는 질문의 이유를 모르고 "한 10개 주웠는데 드릴까요?"라고 답하였습니다. 웃으시면서 그냥 가시더군요. 알고 보니 그곳은 마을 공동 꼬막 양식장이었고, 외지인이 꼬막을 캐자 마을 주민이 신고한 것이었습니다. 발령 첫날부터 저는 꼬막을 좋아하는 도둑 의사로 소문이 났습니다.

그날 이후 할머니들께서 꼬막을 캐시면 조금씩 저에게 가져다 주셨습니다. "선생님 꼬막 무척 좋아하신다면서요!" 오시는 분들마다 꼬막을 한 주먹씩 가져다 주시니 매일매일 혼자 먹기 버거울 정도의 양을 먹어 해치우게 되었습니다. 어느 날은 제가 매일 먹는 꼬막이 과연 안전한 식재료인지

궁금해지더군요. 곧장 꼬막의 성분 검사를 했습니다. 다행히 그 시절 그곳의 꼬막은 오염되지 않은 안전한 먹거리였습니다. 그러나 제가 시골 보건소에서 근무한 지 30년이 지난 지금은 상황이 달라졌을 것입니다. 그동안 환경오염은 더 심해졌으니 지금 꼬막을 사먹는 것은 약간은 두려운 일이 되었습니다. 그래도 맛있는 꼬막을 아예 포기하고 살아가는 것은 쉽지 않은 일입니다. 저는 꼬막을 포함한 조개류는 30분 이상 해감을 한 후 조리해야 한다고 말합니다. 또 조개를 데친 물은 되도록 먹지 않을 것을 권합니다. 조개가 가진 중금속과 미세플라스틱이 우리 몸에 고스란히 들어올 수 있기 때문입니다.

우리는 오염된 지구 속에 살고 있습니다. 끊임없이 만들어낸 오염물질을 공기 중으로, 바다로, 땅으로 날리고 뿌려댑니다. 그 결과 미세먼지에도 환경오염물질이 들어있고, 마시는 물에도, 먹거리에도 오염물질이 가득하게 되었습니다. 저는 오염된 환경을 설명할 때마다 '관영'이라는 표현을 자주 사용합니다. 관영이란, 풍선이 빵빵하게 차올라 손만 대면 빵 터질것 같은 상황이라고 이해할 수 있습니다. 성경은 대홍수로 멸망한 노아 시대를 놓고 죄가 관영한 세상이었다고 말합니다. 그런데 오늘날 우리가 사는 이곳은 오염물질이 관영한 상태라고 볼 수 있습니다. 건강한 먹거리가 오염된 먹거리보다 더 많이 있으면 무엇을 먹을 것인가에 대한 선택의 폭이 넓어질 수 있습니다. 그러나 현실은 오염된 먹거리가 대부분입니다. 오염되지 않은 것을 찾는 일은 무척 어렵습니다.

우리는 과거 어느 시점과 세월이 흐른 현재의 시금치 성분을 비교한 연구 결과를 주목해볼 필요가 있습니다.

비타민A			비타민C			철분			칼슘		
52년	82년	93년	52년	82년	93년	52년	82년	93년	52년	82년	93년
8,000	1,700		150	65	8	13	3.7	0.7		55	39

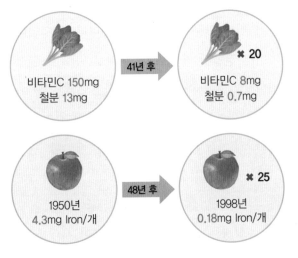

[그림 13] 시금치와 사과 성분 비교표

1952년에 재배된 시금치는 150mg의 비타민을 함유하고 있었습니다. 그러나 40년이 지난 1993년에 재배된 시금치는 단 8mg의 비타민을 함유하고 있었습니다. 비타민 함유량이 20분의 1로 줄어든 것인데요. 2023년 현재 재배되고 있는 시금치는 과연 어느 정도의 비타민을 함유하고 있을까요? 적어도 8mg 보다는 적은 비타민을 함유하고 있을 것이라 쉽게 추정할수 있습니다. 그렇다면 얼마 만큼의 시금치를 먹어야 우리 몸에 필요한 비타민을 채울 수 있을까요? 건강한 식재료 섭취를 통해 필요를 다 채우는 것은 거의 불가능 할 듯합니다. 시금치를 먹어서 힘이 세진 뽀빠이는 이제 어린아이들에게 별 의미가 없는 이야기가 되어버린 것 같습니다. 사과 역시 상황은 비슷합니다. 1950년도의 사과 한 알에는 4.3mg의 철분이, 1998년 재배된 사과 한 알에는 0.18mg의 철분이 함유되어 있었습니다. 1998년에는 사과 25알을 먹어야 1950년도 사과 한 알에 들어있던 철분을 섭취할 수 있습니다. 1998년 이후의 자료는 찾을 수 없었습니다. 이러한 연구의 결과들이 과수 농가에 큰 피해를 끼쳤을 것을 생각하니 1998년 이후 연구를 진행하지 못한 것이 이해되기도 합니다.

골고루 잘 먹기만 해도 몸에 필요한 건강한 영양소를 잘 채울 수 있었던 옛 시대와는 달리 우리는 아무리 골고루, 배부르게 먹어도 몸에 좋은 영양소가 채워지기는커녕 오히려 오염된 요소들이 몸을 장악하여 건강을 위협하게 되었습니다. 암담한 현실이지요. 저를 찾아오시는 환자들의 대부분은 비타민과 미네랄 결핍의 증상을 보입니다. 좋은 먹거리를 구하여 섭취하는 것이 쉽지 않은 상황에서 저는 어쩔 수 없이 건강기능식품을 권하고 있습니다. 환자 개개인의 검사를 통해 결핍된 성분을 확인하고 그에 알맞는 건강기능식품을 권하기 때문에 모두에게 일률적일 수는 없습니다. 그러나 현대인 대부분이 공통적으로 부족한 것이 있습니다. 비타민B, 비타민C, 비타민D, 오메가3, 요오드, 유산균, 코큐텐, K2, 셀레늄, 마그네슘 등입니다. 비타민B 군은 과도한 탄수화물의 대사에 소모되어 버리는 경우가 많아서 꼭 섭취하도록 권하고 있습니다. 비타민C는 가루로 된 제품을 물에 타서 먹거나 가루약처럼 목에 넘겨서 하루 6그람을 섭취하는 것을 권합니다. 코로나 감기 바이러스에 노출된 경우 1일 기준 12~15그람을 섭취할 것을 권합니다. 비타민C 섭취가 많아지면 설사를 하기도 하는데요. 비타민C는 설사를 하기 전까지 양껏 먹을 것을 추천합니다. 비타민D는 어떤 제형으로 몇 IU를 복용하라는 식은 효과적인 복용기준이 되지 않습니다. 최종

혈액수치가 40~60ng/ml 정도 유지되도록 할 것을 권합니다. 유방암 환자의 경우 60~90ng/ml 정도의 혈액수치를 권하고 있습니다. 혹 혈액검사를 할 수 없는 상황이라면 3000~5000IU 정도의 비타민D 섭취를 권합니다. 오메가3는 환자의 지방산 대사 검사를 통해 섭취의 필요성을 알 수 있습니다. 지방산 대사 검사는 오메가3, 오메가6, 오메가9의 비율을 보는 검사입니다. 오랜 시간 많은 환자들의 검사를 진행한 결과 대부분의 환자들이 오메가6의 비율이 압도적으로 높아 비정상적인 비율을 보였습니다. 의식적으로 오메가3가 많은 들기름이나 들깨를 섭취하거나 오메가9이 많이 함유된 올리브오일을 날마다 한 잔씩 섭취하지 않은 경우라면 건강기능식품으로 오메가3를 섭취하여 깨진 비율을 맞춰갈 것을 권합니다. 요오드는 몸에 쌓인 독소들과 경쟁적으로 작용하여 해독에 도움이 됩니다. 일본 원전사고 이후 일본 여행을 하게 되면 저희 가족은 여행 가는 날을 기준으로 2~3주간 평소보다 5배 정도 많은 양의 요오드를 복용합니다. 코큐텐은 혈액순환이 필요한 분과 고지혈증 약물을 복용하고 계신 분들에게 필수적으로 권하고 있습니다. 마지막으로 K2는 골다공증으로 칼슘제를 처방받아 복용하는 분들에게 권하고 있습니다. 청국장이나 된장을 섭취하여 K2 영양소를 채울 수도 있지만 그렇지 못한 경우 건강기능식품으로 필요한 양을 꼭 채우길 권합니다.

이외에도 커큐민, 녹차추출물, 황기 등을 권하기도 합니다. 저 역시 40대 초반에는 비타민C 같은 건강보조제를 복용하지 않았으나 50대 중후반이 된 지금은 수년째 매일 10여 종의 보조제를 복용하며 건강을 관리하고 있습니다. 먹거리로는 영양분을 채우는 문제가 해결될 수 없는 현실 때문입니다.

2) 지방 감옥

지방은 우리 몸에서 아주 특별한 기능을 합니다. 정체불명의 독소 물질이 우리 몸 안에 들어오면 간에서는 '대사' 작용으로 독소 물질을 해독하려고 합니다. 하지만 간에서 독소 물질과 맞서는 역할을 하다가 한계에 부딪히게 되면 지방으로 독소를 둘러싸서 우리 몸을 보호하게 됩니다. 독소와 환경오염물질이 지방이라는 감옥에 갇히게 되는 것입니다.[16] 이와 같은 지방 감옥 원리는 사람뿐만 아니라 돼지, 닭, 소 같은 동물들에게도 적용됩니다. 돼지의 지방에도 독소가 있고 소의 지방에도 독소가 있습니다. 오염된 먹이를 먹고 자라서 지방 감옥에 독소가 가득차 뚱뚱해진 동물을 대책 없이 그냥 먹게 되면, 우리는 동물의 지방 감옥에 갇혀있던 독소까지 그대로 섭취하게 됩니다. 기능의학을 공부하며 지방 감옥 원리를 알게 된 저는 육고기를 먹는 것이 두려워졌습니다. 하지만 우리가 평생 고기를 먹지 않고 살아갈 수는 없겠지요. 그래서 저는 건강하게 육고기를 먹을 수 있는 몇 가지 조리 방법을 추천하고 있습니다. 사실 지방 감옥을 제거하는 건강한 조리

16　김영철, 『잔류성 유기오염물질(POP)의 독성기전과 비만』, 한국과학기술정보연구원

법은 우리에게 매우 익숙합니다. 닭은 백숙으로, 돼지는 수육으로, 소고기는 샤브샤브로 요리하는 것입니다.

이때 주의해야 할 것은 닭백숙입니다. 닭백숙은 닭 속의 오염물질을 제거하는 아주 건강한 조리법입니다. 그러나 많은 사람이 백숙을 먹은 후 남은 육수에 닭죽을 쑤어서 먹습니다. 닭고기의 독소를 한껏 빼낸 육수에 닭죽을 쑤어서 먹는다면 어떻게 될까요? 애써 제거한 독소를 모아 다시 요리해 먹는 셈이 됩니다. 소고기 샤브샤브 역시 마찬가지입니다. 소고기 샤브샤브 국물에 라면이나 칼국수 사리를 넣어 먹거나, 밥을 넣어 죽을 만들어 먹는다면 이것 역시 바보 같은 식사법이 될 수 있습니다. 돼지고기는 삼겹살보다 지방이 비교적 적은 다리살을 선택하는 것이 좋습니다. 그리고 오랜 시간 푹 고아 독소를 빼낸 수육, 보쌈 요리를 드시길 권합니다. 어떤 의미에서 지방은 쓰레기를 가두는 감옥입니다. 잘 비우고 섭취하시길 바랍니다.

백숙, 삼계탕

수육

샤브샤브

[그림 14] 백숙, 수육, 샤브샤브

3) 중금속과 독소 해독

전가치료

저는 한동안 우울했던 적이 있습니다. 건강한 먹거리는 거의 찾을 수 없고, 물, 공기, 탄수화물, 지방, 단백질.. 모든 것이 오염되었으니 우리가 하루하루 건강을 유지하는 것이 기적처럼 느껴졌습니다. 우울하지 않을 수 없었습니다. 그러다 "유레카!" 진리를 발견하게 되었습니다. 그 진리는 중금속 같은 독소는 제거하고, 몸에 부족한 비타민과 미네랄을 공급하는 것이었습니다. 아주 간단명료한 이 방법은 어떤 의학잡지나 학술회의 강의를 통해 찾아낸 것이 아닙니다. 놀랍게도 저는 신학책을 읽다가 이 방법을 떠올리게 되었습니다. 신학에서는 십자가 전가 원리를 가르치고 있습니다. 그리스도께서 십자가에서 죽으심으로 우리의 죄는 그리스도께서 가져가시고, 당신의 의는 우리에게 주신 것을 우리는 위대한 이중교환, '십자가의 전가'라고 설명합니다.[17] 저는 이 원리를 우리 몸을 건강하게 지키고, 환자를 치료하는데 응용해보았습니다.

17　신호섭, 『개혁주의 전가 교리』, 지평서원

그리스도의 죽으심으로 우리의 죄가 씻겨지고, 그리스도의 의가 우리에게 생긴 십자가의 전가 원리에서 통찰력을 얻어 저는 새로운 치료 시스템을 정리할 수 있었습니다. 사람의 몸 안에 있는 오염물질을 찾아 제거하고, 병든 몸에 필요한 비타민과 미네랄을 충분히 공급하는 치료법입니다. 저의 이런 새로운 치료 방법은 기적처럼 많은 분의 치료에 효과를 나타냈습니다. 5R이라는 치료가 있습니다. 전가치료와 비슷하다고 느낄 수 있지만 분명한 차이가 있는 치료법입니다. 5R이란 Remove 독소와 스트레스 제거, Replace 부족한 위산과 소화효소 보충, Repair 손상된 점막조직이나 장 복구, Rebalance 식이습관과 마음의 교정, Reset 안정화 등을 말합니다. 이것 역시 기능의학의 중요한 치료 개념 중 하나입니다. 독소와 스트레스의 위해성을 설명하고 치료 방법을 제안하는데 유용한 치료개념입니다. 전가치료와 5R의 차이점이 있다면 전가치료에는 우리가 다 알지 못하는 생명력과 은혜에 대한 생각이 포함되어있다는 점입니다.

'호메시스(Hormesis)'는 자극, 또는 촉진을 의미합니다. 해롭지 않은 수준의 가벼운 스트레스, 소량의 독소를 활용하여 다양한 물리적, 화학적, 생물학적인 방법으로 몸에 자극을 주면 스트레스가 오히려 생명력을 증가시키는데 작용하는 현상을 말합니다.[18] 독일의 약리학자인 휴고 슐츠(Hugo Schulz)는 1888년에 호메시스 현상을 관찰했습니다. 단식이나 낮은 강도의 운동, 사우나, 방사선을 포함한 정신적인 스트레스까지 어쩌면 우리가 독이라고 생각하는 것들이 낮은 농도에서는 우리 몸에 이로운 작용을 하게 됩니다. 작은 양의 오염물질은 오히려 생명력을 자극하기도 한다는 것입니다. 죽어가는 난을 들고 와서 엑스레이를 쏘아달라고 요청하신 분이 있었습니다. 엑스레이는 방사선으로서 몸에 해롭다는 것은 분명한 사실입니다. 독인 것이지요. 그러나 적은 용량의 엑스레이는 난에게 스트레스로 작용하고 그것은 오히려 난을 살리는 좋은 스트레스로 작용합니다. 많은 용량은 생명을 죽이는 독소로 작용하지만, 적은 용량에서는 오히려 생명을 부추기는 생명력으로 작용하여 결과적으로 몸을 이롭게 하기도 하는 것입니다. 말하자면, 소량 독소의 생명력이라는 이율배반적 현상이라고 할 수 있을 것입니다. 물론 소위 "적은 양"이 어느 정도인지를 규정하는 것이 어려워서 문제이기는 합니다. 생명력으로 작용하는 용량과 독소로 작용하는 큰

---

18 이덕희, 『호메시스 건강과 질병의 블랙박스』, 출판사MID

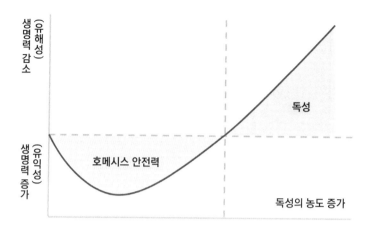

[그림 15] 이덕희 호메시스 그래프

용량의 변환점을 알면 더 바랄 게 없겠지요? 그 변환점이
아주 크면 생명을 살려내기 위하여 더 안전하고 유익하게
독소를 사용할 수 있을 것입니다. 그러나 각종의 독소를
종류별로 그 변환점을 찾아내는 것이 거의 불가능한 일인
것이 사실입니다.

이 그래프에서는 오염물질과 생명력이나 건강이 선형이
아니라 물결모양으로 나타나는 것을 볼 수 있습니다. 독
소가 들어왔는데 오히려 생명력이 좋아지다니, 우리 몸은
참 신비합니다. 이덕희 교수님의 호메시스 그래프를 보고
있자니 그동안 발견하지 못한 특별한 생명력의 원리를 발

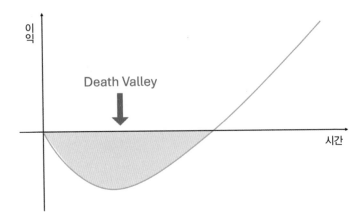

이익

Death Valley

시간

[그림 16] 경영학 J커브

견한 것 같았습니다.

경영학에는 j 커브가 있습니다. 환율이 상승하는 초기에는 무역수지(수출액-수입액)가 나빠졌다가 일정 시간이 지나면 무역수지가 좋아지는 현상을 말합니다. 이때 무역수지의 변동을 그래프로 나타내면 알파벳 'J' 모양과 같아 'J커브(곡선) 효과'란 이름이 붙었습니다. 호메시스 역시 비슷한 모양의 j커브(곡선)을 보입니다. 술을 예로 들어보겠습니다. 알콜 분해 능력은 사람마다 다릅니다. 따라서 j커브의 변동점은 사람마다 다를 수 밖에 없습니다. 그러나 평균적으로 소주는 소주잔으로 5잔, 맥주는 맥주컵으로 5컵이 넘어가면 변동점을 넘는 과음이 되어 몸에 해롭습니다. 그리고 5일 이내의 음주도 독으로 작용합니다. 그 이내의 절주라면 호메시스의 이론으로 건강에 유익할 수도 있습니다. 제가 권하는 음주량은 5일 이상의 간격으로 음주하시되 소주나 맥주 5잔 미만입니다. 소주와 맥주를 혼합한 일명 폭탄주는 알콜 흡수 속도가 빠르고 소주와 맥주의 양이 많아서 권하지 않습니다. 요약하면 이렇습니다.

1) 5일 이상의 간격을 두고 마실 것
2) 한번 마실 때 소주 5잔 미만, 맥주 5잔 미만, 와인 1/2병 미만
3) 폭탄주와 혼합주 금지

해독을 위한 순환 마사지

심장은 혈액을 온몸으로 내보내는 펌프 역할을 합니다. 심장은 온몸에 혈액을 이동시키고, 모세혈관에 도달하여 각 조직에 영양소와 산소를 공급합니다. 이동한 혈액이 각 조직에서 자신의 역할을 다하고 쌓여있는 노폐물들을 가지고 순환하여 돌아올 때도 심장이 했던 펌프 역할을 할 기관이 필요합니다. 그런데 정맥과 림프 순환에는 심

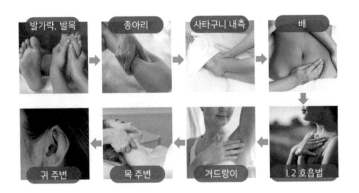

[그림 17] 스트레칭과 마사지 순서

장 같은 펌프 역할을 하는 기관이 없습니다. 하지로 간 정맥과 림프액이 순환하기 위해서는 근육의 힘이 더더욱 필요합니다. 특히 종아리 근육은 정맥과 림프액 순환에 큰 도움이 되는데 종아리 근육이 펌프 역할을 제대로 해주지 못하면 하지정맥류가 발생하고 다리가 붓는 현상을 보입니다. 그러므로 종이리 근육 마사지가 반드시 필요합니다.

종아리 마시지 외에도 우리에게 꼭 필요한 순환 마사지들이 있습니다. 다음은 제가 추천하는 순환 마사지 순서입니다.

1) 발가락 꼼지락거리기
2) 발목 스트레칭

기능의학 평생건강 4항목 집중관리

3) 종아리 마사지

4) 사타구니 내측 마사지

5) 배 마사지

배 마사지는 시계방향으로 배를 문지르는 동작을 반복합니다. 좌하복부는 약간의 압력을 더해주는 것이 좋습니다.

하지에서부터 복부까지 순환을 끌어올렸다면, 이제는 횡경막 호흡으로 순환을 더 촉진시켜야합니다. 저는 '1.2 호흡법'을 추천합니다. '1'은 코로 들이쉬는 숨, '.'은 잠시 멈춤을 뜻하고, 마지막 '2'는 입으로 내쉬는 숨을 뜻합니다. 처음에는 3초간 들숨을 마시고 잠시 멈추었다가 6초간 날숨을 내뱉는 것으로 시작해볼 수 있습니다. 3초 들숨이 익숙해졌다면 4초, 5초 정도로 시간을 점점 늘려도 좋습니다. 이런 호흡법은 뇌척수액의 순환을 촉진시켜 뇌 건강에도 이롭습니다.

가슴까지 순환시켰다면 유방과 뭉쳐있는 겨드랑이 마사지를 권합니다. 특히 유방암 환자들과 유방암 가족력이 있는 분들은 유방과 겨드랑이 마사지가 무척 중요합니다. 끝으로 목 주변, 후두부, 귀 주변을 마사지하면 모든 순환 마사지가 완성됩니다. 림프액은 큰 분자량의 노폐물을 제거하는 용도이기 때문에 하수구 정도라고 생각할 수 있습니다. 하수구가 막히면 악취뿐만 아니라 여러 가지 기능의 문제가 생기는 것처럼 제대로 된 림프순환이 이루어지지 않으면 적절한 해독이 되지 않아 많은 병이 생길 수밖에 없습니다.

혈관의 해독

혈액에도 '호모시스테인'이라고 불리는 독소가 있습니다. 호모시스테인(homocystein)은 메티오닌(methionine)이 시스테인(cysteine)으로 전환될 때 생성되는 중간 생성물입니다. 메티오닌에서 시스테인(cysteine)이 합성되는 과정에 문제가 생기면 호모시스테인의 양이 늘어날 수있습니다. 또 우리가 동물성 고단백 식품을 과하게 섭취하거나 적절한 대사를 하지 못할 때도 생성됩니다. 건강한 사람이라면 호모시스테인을 다시 메티오닌이나 시스테인 같은 아미노산으로 전환시킬 수 있습니다. 하지만 호모시스테인이 더 이상 전환되지 않고 일정량 이상 쌓이게 되면 독소로 작용하여 혈관을 파괴하고 노화시켜서 혈전이나 혈액이 응고되는 상황을 발생시킵니다. 동맥경화 등 심혈관질환을 유발합니다. 뇌에 영양소와 산소를 공급하는 혈관이 손상되면 뇌졸중의 위험이 높아집니다. 피리독신은 엽산, 비타민B12, 아연, 마그네슘 등과 함께 혈중 호모시스테인의 농도를 낮춰주는 효소를 만들어 주어 호모시스테인을 줄여줍니다. 유전자의 문제로 호모시스테인이 높아지는 경우도 있습니다. 혈관질환의 가족력이 있으면 꼭 호모시스테인 검사를 해보시길 권합니다.

hs-CRP는 심혈관질환의 위험도를 예측하는 지표로서 미국심장학회에서 추천한 첫 번째 검사항목이기도 합니다. 이 수치가 높아지면 몸속 어딘가에 염증상태가 진행되고 있다는 뜻으로 해석할 수 있습니다. 암이 재발할 때도, 치매가 진행 될 때도 hs-CRP 수치가 높아집니다. 반대로 환자의 몸 상태가 호전되고 있다면 hs-CRP 수치가 낮아져서 발견되지 않습니다. 저를 찾아오신 코로나 환자의 경우, hs-CRP 수치가 보통 때의 100배 이상 높게 나오기도 했습니다. 검사 결과 온몸에 염증 반응을 보였고, 간 수치와 신장 수치 등 모든 기관의 상황이 좋지 않았습니다. 이런 상황에서는 비타민C나 글루타치온, 히스파겐씨 등 강력한 항산화제를 사용해야 합니다. 건강검진을 하신 후 결과표에 있는 해당 수치를 확인해보시기를 권합니다. 수

치는 반드시 1이하가 되어야 하고, 이상적으로는 0.1 이
하의 수치가 유지되는 것이 좋습니다.

 오미크론 염증수치 영상
https://www.youtube.com/watch?v=4h9dOP1tero

3

자세와
운동 관리

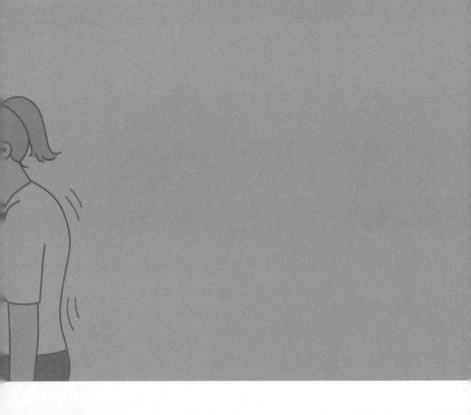

66

운동력은
저축이라고 생각하는 것이 좋습니다.
평상시 운동을 하여
운동력을 키워두는 것이 중요합니다

99

1) 올바른 자세

올바른 자세는 평생건강을 위하여 아주 중요하게 다루어야 하는 항목입니다. 의자에 앉았을 때 의자에 닿는 엉치뼈와 머리의 제일 높은 부분인 두정부의 위치가 수직으로 떨어지는 위치에 있어야 합니다. 엠마는 행동미래학자 윌리엄 하이암 박사가 미래 현대인의 신체를 예측해서 만든 인형입니다. 장시간 컴퓨터 모니터와 스마트폰을 들여다보는 생활을 이어가는 동안 사진과 같은 구부정한 모습으로 몸이 굳어지게 될 것이라고 예측한 것인데요. 만약 몸이 엠마와 비슷한 형태를 하고 있다면 바른 자세에 더 큰 노력을 해야 할 것입니다.

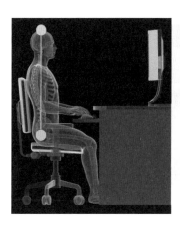

[그림 18] 의자에 앉은 올바른 자세

[그림 19] 엠마 인형

올바른 자세를 위해서 가장 먼저 해야 할 일은 책상 위 모니터 높이를 눈높이에 맞추는 것입니다. 모바일 기기를 사용할 때는 되도록 스마트폰보다는 화면이 큰 모니터를 사용할 것을 권합니다. 머리에 두꺼운 책을 올려두고 떨어지지 않게 자세와 균형에 집중하며 걷는 연습을 하는 것도 좋은 방법입니다. 너무 어렵다면, 곧은 자세로 의자에 앉아서 머리에 책을 올려둔 후에 책이 떨어지지 않게 균형을 잡는 방법이 있습니다. 가볍고 마찰력이 강한 수건을 사용하여 균형 잡는 것으로 훈련을 시작하는 것도 좋은 방법입니다.

두꺼운 책 　 모니터 높이기

모니터 활용 　 우산 사용 　 벽에 기대기

[그림 20] 올바른 자세를 위한 실천

우산처럼 긴 막대를 등에 대고 양팔을 들어 겨드랑이에 끼워 고정한 채로 막대기의 도움을 받아 어깨를 쫙 펴고 차근차근 벽에 몸을 기대봅니다. 뒤꿈치, 종아리, 허벅지, 엉덩이, 어깨, 머리까지 기대어 눈을 감고 호흡에 집중해 봅니다. 균형을 잡지 못하고 앞으로 휘청대며 넘어진다면 평상시 자세가 앞으로 기울어져 있다는 증거입니다. 균형을 잡았다면 호흡에 집중하며 몸이 바르게 펴지는 것을 느껴보세요. 조금씩 좀 더 좋은 자세를 유지할 수 있게 될 것입니다.

2) 올바른 운동법

운동력 저축하기

평생건강을 위해서 빠질 수 없는 것은 바로 운동입니다. 특히 나이가 들어갈수록 허벅지 근육의 역할이 중요해집니다. 계단 오르기, 걷기, 자전거 타기, 균형 잡기, 팔굽혀펴기 등 바른 자세로 근육을 단련시키는 다양한 운동으로 근력을 유지하는 몸을 만들어야 합니다. 저는 매주일 아침이면 교회에서 어르신들을 휠체어에 태우고 예배당을 향하여 뒤에서 밀면서 언덕길을 오르는데, 저에게는 이 또한 실생활에서 할 수 있는 좋은 운동 방법이 됩니다.

평소에 운동력을 저축해야 합니다. 작은 것에 걸려 넘어져 골절되는 분들이 종종 있습니다. 바닥 높낮이의 작은 차이에도 넘어가지 못하고 걸려 넘어지는 것은 근력이 감소하여 앞 허벅지 근육인 대퇴사두근이 하지를 높이 들어주지 못하기 때문입니다. 근력 약화는 낙상사고의 원인이 됩니다. 낙상사고 중 대퇴골절과 같은 골절이 발생하면 합병증으로 사망하기도 합니다.[19] 노년이 되면 근력은 1년에 0.5-1% 정도 감소합니다.[20] 만약 척추 골절이나 중

[그림 21] 수술 후 병원 복도를 걷는 뒷모습

한 수술 등으로 침상에만 있게 되면 하루에도 1%씩 빠질 수 있습니다. 수술 후 가능하면 빨리 몸을 움직이라고 권하는 이유이기도 합니다. 사진은 존경하고 사랑하는 분께서 저의 조언대로 큰 수술 후 다음 날 똑바로 서서 병실 복도를 걷고 계시는 모습입니다.

운동력은 저축이라고 생각하는 것이 좋습니다. 평상시 운동을 하여 운동력을 키워두는 것이 중요합니다. 그것은

19　질병관리청 국가 정보포털, 건강문제 및 상태, 낙상 통계 https://health.kdca.go.kr/healthinfo/biz/health/gnrlzHealthInfo/gnrlzHealthInfo/gnrlzHealthInfoView.do?cntnts_sn=1743

20　곽현, 김상범 『노화와 근육 감소증』, 2007, 11(2):55-59 https://www.e-agmr.org/upload/pdf/Kgs-011-02-01.pdf

운동을 할 수 없는 예기치 않은 어떤 사고가 벌어질 경우를 대비한 운동력 저축이기도 합니다. 그렇게 저축을 해 놓으면 어떤 사고로 당분간 운동을 할 수 없어서 운동력이 줄어들더라도 회복선 아래로 떨어지는 것을 막을 수 있기 때문입니다. 평소의 운동으로 한 단계 정도의 운동력은 쉽게 높여둘 수 있습니다.

마이오카인

마이오카인은 회춘호르몬이라고도 불리는 호르몬입니다. 마이오카인은 운동할 때 근육에서 분비됩니다. 마이오카인에는 여러 종류가 있는 것으로 알려졌는데 현재까지 밝혀진 것은 BDNF, 아이리신, 아페린, 인터류킨(IL-6) 등이며 계속 연구가 진행되고 있습니다. 마이오카인은 근육뿐 아니라 뇌, 혈관, 지방, 간, 췌장 등 우리 몸 곳곳에 영향을 줍니다. 체내염증을 줄이고 암의 위험도를 감소시키고 우울증의 위험을 줄이며 기억력감소를 줄입니다. 많은 이들이 치매 발생을 줄일 것으로 예상하고 연구를 진행하고 있기도 합니다.[21] 운동의 결과로 근육의 양이 늘게 되

---

21 남기열, 『신경영양인자 BDNF와 신경질환과의 관계』, 한국과학기술정보연구원, 2007

면 여분의 당이 들어왔을 때 근육이 당을 저장하는 창고 역할을 하여 혈당 피크를 줄일 수도 있습니다.

권장하는 운동법

저는 진료를 하면서 자주 운동의 중요성을 설명합니다. 그리고 운동 여부와 어떤 운동을 하고 있는지 여쭤보곤 합니다. 환자들 대부분은 한가지 운동에 힘을 쏟고 있었습니다. 본인이 좋아하는 운동에만 집중하여 몇 시간씩 근력운동을 하거나, 혹은 몇 시간씩 걷기만 하기도 합니다. 하지만 저는 근력운동과 균형 잡기 운동, 유산소 운동, 그리고 유연성 운동 이렇게 4가지 종류의 운동이 골고루 시행되어야 한다고 생각합니다.

근력운동이란 근육이 힘을 잘 만들어낼 수 있도록 하는 운동입니다. 예를 들면 물건을 들어 올리거나 물체를 미는 힘 등을 키우는 운동입니다. 또한 팔굽혀펴기나 오래 달리기처럼 근육을 장시간 지치지 않고 반복적으로 힘을 만들어내도록 하는 것도 근력 운동입니다. 무거운 바벨을 드는 것도 근력운동이고 고정된 벽을 미는 것도 근력운동입니다. 버스와 지하철에 앉아 이동하는 시간에도 간단한 근력운동이 가능합니다. 양쪽 허벅지를 번갈아가며 발바닥을 바닥에서 들어 올려 허벅지 힘으로 버텨보는 것도 일상생활에서 쉽게 접근할 수 있는 근력운동입니다.

유연성 운동은 요가나 발레 같은 운동만을 말하는 것이 아닙니다. 알람을 맞추어놓고 1시간마다 목이나 옆구리를 스트레칭하는 것도 유연성 운동입니다.

균형잡기 운동은 외줄타기나 평균대 운동처럼 어렵고 거창한 것을 해야만 되는 것이 아닙니다. 저는 환자들에게 엘리베이터를 기다리면서 한발로 까치발을 들어 5초간 유지해보는 방법을 권하고 있습니다. 균형 잡는 것이 너무 어렵다면 처음에는 한 손으로 벽을 의지한 채 한발 까치발을 시도해보는 것도 좋습니다. 발뒤꿈치를 드는 것이 가능해지면 반대로 앞 발가락을 들어 5초간 유지해봅니다. 이와같이 균형 잡기 운동도 일상생활 속에서 쉽게 해볼 수 있는 운동입니다.

유산소 운동은 보통 걷기나 달리기를 말합니다. 혹 거동이 불편해서 침상에 누워계시는 분이라면 발가락과 발목을 움직이는 것부터 시작하는 것이 좋습니다. 이런 경우 저는 환자에게 박노정 시인의 '달팽이'라는 시를 소개합니다.

달팽이에게

-박노정

사부작거리는 게 네 장점이야
있는 듯 없는 듯 꼼지락꼼지락
거리는 것만으로 아무렴
살아가는 충분한 이유가 되고도 남지
사부작사부작
꼼지락꼼지락
황홀해 눈부셔

-박노정 시선집

[그림 22] 운동의 단계

달팽이처럼 사부작 꼼지락 거리는 것부터 시작하는 용기가 필요합니다. 발을 꼼지락거리는 것이 가능해지면 휠체어에 앉아 산책을 시작해보시면 됩니다. 휠체어 산책이 익숙해지면 두 사람에게 부축을 받아 다섯 걸음이라도 걸어보는 것이 좋겠습니다. 이것조차 익숙해지면 한 사람의 부축과 지팡이 사용으로 다섯 걸음, 그다음은 지팡이만을 사용하여 다섯 걸음을 걸어보는 것을 권합니다.

다섯 걸음을 걷는 것이 가능해졌다면, 5초동안만 빨리 걸어보세요. 빨리 걸을 수 있으면 5초 동안 천천히 뛰어봅니다. 5초 동안 뛸 수 있게 되었다면 5초 동안 전력 질주를 해보시면 됩니다. 계단 오르기도 5계단을 오르는 것부터 시작하면 됩니다. 거동에 문제가 없는 사람이라면 100m 정도를 걷고 시간을 확인해보는 것이 좋습니다. 평상시 걷는 속도가 1초에 1미터 이하로 떨어지지 않도록 해야 합니다. 그리고 하루 7500보 정도 걷는 것을 권합니다.[22]

의사가 권하는 달리기는 마라톤을 완주하는 것을 뜻하지 않습니다. 10km도 아니고, 1km도 아닙니다. 5초부터,

---

22 아이민리 박사, 『70대 여성을 대상으로 한 걸음 수와 건강 상태 간 연관 관계 조사』, 하버드 보건대학원, 2019

다섯 걸음을 더 도전해보시길 바라는 것입니다. 책의 도입부에서 소개한 나이와 기능, 생명력을 그린 그래프를 기억하시나요? 한 단계씩이라도 그래프를 위로 밀어 올려서 돌봄을 받는 입장이 아니라, 누군가를 돌볼 수 있는 건강 상태를 유지할 수 있다면 그것은 큰 행복입니다. 그렇게 하기 위해서는 작은 노력부터 시작해야 합니다.

신경학회지에 흥미로운 연구가 발표된 적이 있습니다. 50세 여성들에게 실내 자전거를 타게 하였습니다. 지속 시간에 따라 1) 높은 체력 2) 중간 체력 3) 낮은 체력 4) 테스트를 완료가 불가능한 경우 등 4단계의 그룹으로 분류하였습니다.[23] 훗날 1단계(높은 체력) 여성은 5%가 치매를 앓았습니다. 반면, 테스트를 마치지 못할 정도로 운동력이 약한 4단계의 여성은 45%가 치매였습니다.[24] 그리고 치매가 발생한 시기 역시 체력이 높은 여성이 10년가량 늦었습니다.[25] 운동능력이 치매로 고생할 기간을 무려 10년이나 줄인 것입니다.

---

23   마크 밀스테인, 『브레인 키핑』, 웅진 지식하우스, 200쪽

24   이진욱 외 2, 『여성노인의 기능적 체력과 인지기능의 관계』, 한국사회체육학회지, 2021.07

25   공성아, 『한국 여성 노인의 연령 증가에 따른 체격 및 신체적 기능과 신체활동 패턴 차이 분석』, 한국코칭능력 개발원, 2019.12

[그림 23] 맨발걷기

거동이 자유롭고 비교적 건강한 상태라면 1주일에 120분, 즉 2시간 동안 적당한 운동을 하시는 것이 좋습니다. 적당한 운동 강도란 운동 중에 간단한 대화를 할 수 있으나 노래 부르기는 불가능한 정도를 말합니다.

맨발 걷기

맨발 걷기는 걷기이니 유산도 운동이 되고 또 걸음걸음을 조심하게 되어 균형 운동도 됩니다. 또 뇌를 자극하여 우울한 감정 보다 행복감을 유발하고, 밤에는 불면 대신 꿀잠을 자게도 합니다. 맨발 걷기는 특별한 장비나 기술 없이도 쉽게 접근할 수 있는 운동입니다. 게다가 여러 다양한 효과가 있습니다. 제가 일하는 하동의 섬진강 옆에는 송림이라 불리는 소나무 숲이 있는데, 그곳에선 맨발 걷기가 대유행입니다.

맨발 걷기를 하다가 통나무를 발견하면 균형 잡기 운동도 하고, 시야를 확장해 멀리 있는 산과 나무를 바라보며 눈을 쉬게 해주는 것도 좋습니다. 스스로의 호흡에도 집중해보시면 좋을 것 같습니다. 혹 맨발 걷기를 하다가 녹슨 못 등에 찔리면 파상풍의 위험이 있습니다. 맨발 걷기가 가능한 장소인지 철저히 확인해야 합니다.

'맨발걷기' 영상
https://www.youtube.com/watch?v=96rHftqjc9g

3) 자율신경계 조절과 체온

자율신경 조절은 체온을 조절하는 것과 밀접한 연관이 있습니다. 하나님께서는 남성의 생식기를 외부에 노출시켜서 만드셨는데 온도에 민감하게 반응할 수 있도록 하셨습니다. 하지만 우리는 1년 내내 비슷한 온도에서 살아갑니다. 차량 이동 중에도, 실내에서도 어디든 에어컨과 난방 시설로 실내 온도를 조절합니다. 옛말에 양반집 아들이 계속 아랫목에 있으면 나중에 불임이 될 가능성이 있다는 말이 있습니다. 과학적으로 설명이 가능한 이야기이기도 합니다. 온도의 변화를 느끼지 못하고 같은 온도에서 계속 생활하는 것은 자율신경계에 좋지 않은 영향을 줄 수 있습니다. 건강하게 자율신경계를 관리하기 위해서는 족욕, 반신욕, 냉수마찰 등이 추천할 만한 방법입니다. 차가운 곳에 노출될 수 있는 새벽기도도 사람에 따라서는 좋은 방법이 될 수 있습니다.

족욕이나 반신욕 풍욕 등을 권합니다. 냉수마찰과 얼음 깨고 들어가기 등은 저의 버킷리스트에 있습니다. 저는 온냉교대욕을 권합니다. 온탕 냉탕 온탕 냉탕 온탕으로 교대욕을 하는 것입니다. 반드시 온탕에서 시작하여 온탕으로 끝나야 하고 온탕의 시간이 냉탕의 시간보다 2-4배 길어야 합니다. 반대의 경우도 있습니다. 반신욕이나 온냉교대샤워도 좋은 방법입니다. 그것이 곤란한 경우 교대 세안을 하는 경우도 있습니다. 이때는 냉수 온수 냉수 온수 냉수 순으로 세안을 하고 냉온 시간은 동일하게 합니다.

족욕 **반신욕**

풍욕 **냉수마찰**

[그림 24] 족욕, 반신욕, 풍욕

4

뇌와
마음 관리

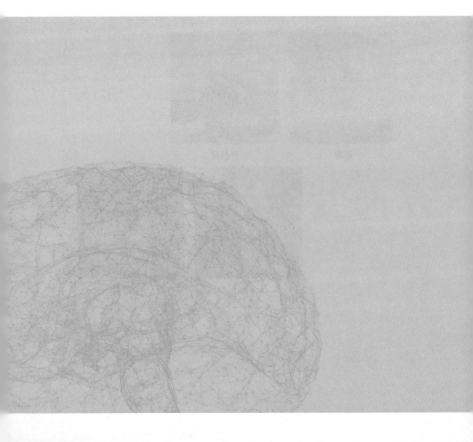

66

좋은 차를 마시고,
말과 글로 생각을 표현하고,
중요하게 생각하는 것들을 반복적으로 암기하면
전두엽은 더 강해지고,
노년의 변연계를 효과적으로 컨트롤 할 수
있게 됩니다.

99

1) 삼위일체의 뇌

의사로 30년이 넘는 시간을 보내면서 뇌에 대한 수많은 가설이 등장하고 사라지는 것을 목격해왔습니다. 그 수많은 가설 중 가장 인기 있었던 것은 '삼위일체 뇌' 가설 입니다. 뇌는 3가지 부위로 이루어졌다는 가설입니다. 그 세 부위는 다음과 같습니다.

1) 생명을 담당하는 뇌간
2) 감정과 기억을 담당하는 변연계
3) 인간의 이성을 담당하는 대뇌피질이라고도 부르는 신피질

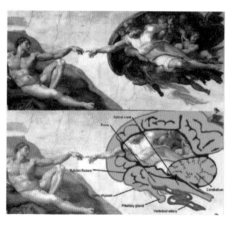

[그림 25] 삼위일체의 뇌

뇌간이 생명을 담당하기 때문에 뇌간이 없는 태아는 사산하게 됩니다. 변연계는 2~5살 사이에, 신피질은 10대 후반~50대 사이에 완성되는 것으로 알려져있습니다. 연구자에 따라서는 신피질이 20대에 완성된다는 입장을 취하기도 합니다. 대부분의 뇌 가설은 진화론자와 창조론자의 싸움의 장이 되기도 하는데요, 진화론자들은 뇌간 〉변연계 〉신피질 순으로 진화했다는 입장을 취하였습니다. 그리하여 아래에 보는 그림과 같이 뇌가 세 부위를 표시하고 그 순서대로 진화했다고 주장한 것입니다. 그리고 창조론자들은 하나님께서 처음부터 이렇게 창조하셨다는 입장을 취하였습니다. 그 입장을 분명히 하기 위하여 미켈란젤로의 천지창조 그림의 한 부분을 세 부위로 구성되

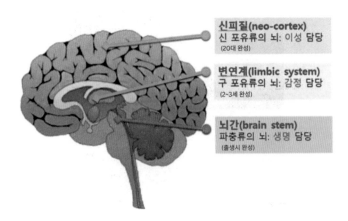

[그림 26] 삼위일체의 뇌 표

어 있는 뇌의 그림으로 대체하여 그렸습니다. 그러나 분명한 것은 양측이 모두 뇌가 이와 같이 세 부위로 구성되어 있다는 점에서는 결과적으로 동일한 입장을 취하고 있는 셈입니다.

변연계

변연계는 경험과 기억, 감정을 처리합니다. 그리고 카이로스의 시간을 주로 기억합니다. '크로노스'의 시간이 모두에게 동일하게 적용되는 객관적인 시간이라면, '카이로스의 시간'은 사람들에게 각기 다른 의미로 적용되는 주관적 시간을 의미합니다. 저의 큰아이는 2살 때의 일을 종종 기억합니다. 2살때 누구를 만났고, 어떤 말을 주고받았는지, 자세한 부분까지 잘 기억해냅니다. 정말 놀라운 일이지요. 하지만 작은 아이는 5살 때의 일도 잘 기억해내지 못합니다. 의사 아빠의 관점에서 보았을 때 큰아이의 변연계는 2살 때 이미 완성이 되었고, 작은아이의 변연계는 5살 때 완성된 것으로 이해가 됩니다.

제가 사랑하는 한 여성은 술 냄새와 담배 냄새가 함께 나면 가슴이 두근거리고 심장이 조여오는 느낌을 받습니다.

이 여성은 어려서 아버지가 술과 담배 냄새를 풍기며 오랜 시간 동안 잔소리와 훈육을 했던 기억이 있었던 것인데요. 어렸을 때의 기억이 성인이 된 지금까지 영향을 주는 것은 변연계의 역할을 보여주는 대표적인 사례입니다.

저의 큰아이는 오랜 시간 유학 생활을 했습니다. 중학교 1학년부터 대학졸업까지 수없이 공항을 드나들었습니다. 아이는 긴 시간 동안 유학에 대한 스트레스와 공항 수속에 대한 스트레스를 변연계에 기억하게 두었는지도 모르겠습니다. 어엿한 직장인이 된 지금도 공항에 가면 속이 답답하고 체한 느낌을 받습니다. 변연계가 기억하는 좋지 않은 감정과 스트레스가 영향을 준 것입니다. 큰아이의 변연계를 치료하고 공항에 대한 좋지 않은 감정을 바꿀 수 있는 방법은 생각보다 간단합니다. 공항에 가는 것이 기분이 좋아지는 근거 혹은 이유를 만들어주는 것입니다. 가슴 두근거리는 행복한 여행을 떠날 기회를 만들거나, 공항이 행복한 만남의 장소가 될만한 기회를 만드는 것입니다. 그렇게 하면서 공항을 찾아가는 것이 부모와 이별하는 슬픔의 장소이거나, 혼자서 유학 생활을 버텨내야 하는 학교로 다시 돌아간다는 부담과 불안이 시작되는 장소라는 기억이 아니라, 펼쳐질 여행에 대한 흥분과 행복

기능의학 평생건강 4항목 집중관리

한 만남을 기대하고 누군가를 기다리는 좋은 기억을 더 많이 갖도록 만들어주면 공항에 대한 감정을 새롭게 변연계에 저장시킬 수 있습니다.

대뇌피질과 신피질

대뇌피질은 이성과 사고를 관할합니다. 그리고 변연계에서 일어나는 본능적인 욕망을 조절합니다. 하지만 뇌간과 변연계가 대뇌피질보다 적게는 5배에서 빠르게는 20배까지 빠르게 정보를 전달하기 때문에 사람은 이성적인 사고의 과정을 거치기도 전에 본능적으로 반응하기 쉽습니다. 이것이 꼭 나쁜 것만은 아닙니다. 사람이 어떤 위험에 빠졌을 때 변연계가 빨리 작동하는 것은 생존에 아주 유리하기 때문입니다.

다윗은 밧세바가 목욕하는 모습을 보았습니다. 그 순간 다윗의 뇌간과 변연계는 즉시 반응했을 것입니다. 아름다운 여인의 몸을 보았으니 변연계가 욕망을 드러낸 것입니다. 다윗은 동공이 커지고 호흡이 빨라지며 저도 모르게 침을 흘렸을지도 모르겠습니다. 하지만 대뇌피질이 변연계를 컨트롤 했어야 합니다. '다윗아 안돼! 저 여인은 너의 충성된 용사의 유일한 아내야…' 하지만 다윗의 경우 대뇌피질이 변연계에 굴복해버렸습니다. 아니 대뇌피질이 행동을 취하기 전에 변연계가 선수를 쳐버렸을 것입니다. 사람이 자기의 본능대로 움직여 죄를 범하는 경우를 의사의 시선으로 보고 의학적으로 해석한다면 그 사람의 대뇌피질이 변연계에 굴복해버린 안타까운 상황으로 이해되기도 합니다.

비만 오면 매를 맞고 병원을 찾아오시는 할아버지가 있었습니다. 가해자를 찾아보니 할아버지의 아내인 할머니였습니다. 할머니는 약간의 치매 증상을 보이셨는데 MRI 검사 결과 대뇌피질이 얇아져 있었습니다. 대뇌피질이 변연계를 컨트롤하지 못하는 상황인 것입니다. 비가 오면 할아버지를 때리는 할머니의 속사정은 이러했습니다. 젊은 시절 할아버지가 집에 더 젊은 애인을 데리고 오셨습니다. 할머니를 집에서 내쫓기까지 하였습니다. 그 시대는 마음대로 친정으로 돌아갈 수도 없었기에 할머니는 집을 벗어나지 못하고 집 입구에 있는 돼지 문막에서 돼지들과 같이 날을 샜다고 합니다. 그런데 하필 그날은 장대비가 쏟아지던 날이었습니다. 시간이 흘러 할아버지의 젊은 애인은 떠나가고, 할머니는 다시 집으로 돌아와 할아버지와 지금까지 오랜 시간을 함께 살아오고 있었습니다. 그런데 비만 오면 할머니는 할아버지를 구타하는 것이었습니다. 할머니의 번연계에 깊이 새겨진 돼지 문막에서 보냈던 그 날의 기억이 할아버지를 향한 구타로 이어진 것이었습니다.

전두엽 강화하기

뇌의 대뇌피질 앞부분에는 전두엽이 자리를 잡고 있습니다. 전두엽 중에서도 전 전두엽은 우리가 노년을 맑은 정신으로 살아갈 수 있게 하는 중요한 키를 가지고 있습니다. 전두엽을 강화하면 욕망을 이성으로 이겨낼 가능성이 커집니다. 그러니까 전두엽을 강화할 수만 있다면 매우 좋을 것입니다. 전 전두엽을 강화하는 3가지 방법을 소개합니다.

첫째, 좋은 차를 마시는 것입니다. 좋은 차에는 GABA와 테아닌이 다량 함유되어있습니다. 가바(GABA)는 신경계에서만 발견되는 특이한 비단백질성 아미노산의 이름입니다. 우리 뇌와 신체조직에 분포된 전체 신경전달물질의 큰 비중을 차지하고 있습니다. 가바(GABA)는 긴장과 스트

레스, 노화 등을 통해 산화되고, 흥분된 신경계를 이완/안정 시킴으로써 손상된 신체조직의 회복과 재생에 관여합니다. 테아닌은 스트레스로 인한 긴장감 완화에 도움을 주는 물질로 녹차와 홍차에 많이 함유되어 있습니다. 항불안 및 이완 효과를 나타냅니다. 좋은 차를 마셔서 GABA와 테아닌을 섭취하고 뇌 대사와 순환 촉진작용을 증가시켜 우리 뇌를 안정화하는 것이 좋습니다.

둘째, 언어나 글로 표현하는 것입니다. 신앙인들은 자신에게 고난이 닥쳐오면 그 고통을 기도를 통하여 하나님께 쏟아냅니다. 그리고 기도가 응답되어 그 고난의 상황이 마침내 지나갈 것을 기대하고 소망합니다. 때로는 '결국은 모든 것이 협력하여 결국은 유익이 되게 하실 하나님'을 말로 고백하고 묵상하기도 합니다. 이와 같이 평소에 말로, 글로 자신의 마음과 생각을 정리하고 표현하는 습관을 가지는 것이 전두엽을 강화하는 좋은 방법 가운데 하나입니다.

셋째, 암송입니다. 저희 병원을 찾아 주셨던 환자분들 중

기억에 남는 권사님 한 분이 계십니다. 항상 단정한 한복과 쪽머리를 하고 오시는 분이었습니다. 그분은 제가 해외 의료봉사를 갈 때마다 열심히 새벽기도를 해 주셨던 감사한 분입니다. 권사님은 병원에 오시면 항상 주기도문을 외우고 진료를 받으셨습니다. 그런데 어느 날 권사님의 단정하던 옷과 머리가 조금 흐트러져 있었습니다. 그날도 주기도문을 반복해서 외우시는데 멈추지를 않았습니다. 몇 가지 질문으로 진단을 해보았습니다. 이미 치매가 많이 진행되어있는 것 같다는 판단을 하게 되었습니다. 할머니 집을 대략 알고 있던 간호사가 할머니의 손을 잡고 할머니 집에 들어갔습니다. 가족과 연락할 길이 없어서 혹시나 하여 이전에 통화했던 번호를 눌러 재발신을 해보았습니다. 다행히 가족과 통화를 했던 번호였고 그래서 간호사는 할머니의 가족과 통화를 할 수 있었습니다. 얼마 후에 가족들이 할머니 권사님의 MRI와 치매 검사 결과를 보여주었습니다. 그런데 결과가 조금 특별했습니다. 대뇌피질이 전반적으로 수축되어 이성과 기억에 대한 컨트롤이 불가능한 상황이었습니다. 그런데 전 전두엽은 아직 줄어들지 않고 여전히 남아서 활성화되어 있었습니다. 대뇌피질의 수축에도 불구하고 전전두엽은 아직도 줄어들지 않고 남아서 활성화되어 있는 것이었습니다. 평소에 전두엽을 확장 혹은 강화해 놓은 결과라고 판단이 되었습니다. 평소에 반복적으로 주기도문을 암송하던 습관이 권사님의 전전두엽에 어떤 중대한 영향을 주었을 것이라는 것이 저의 소견이었습니다. 결국 매일 암기하던 주기도문이 권사님의 본성이 되었고, 그것은 권사님의 전두엽을 활성화하였으며, 그렇게 활성화된 전두엽은 다른 치매 증상들이 더 빨리 악화되는 것을 지연시켰을 것이라고 생각합니다. 예를 들어, 치매를 예방하기 위해서 구구단을 계속 외우라고 권하는 것도 이와 같은 원리라고 할 수 있습니다.

좋은 차를 마시고, 말과 글로 생각을 표현하고, 중요하게 생각하는 것들을 반복적으로 암기하면 전두엽은 더 강해집니다. 강해진 전두엽은 노년의 변연계를 효과적으로 컨트롤할 수 있게 됩니다.

위협을 대처하는 방법

전쟁이나 범죄에 노출된 응급 상황이 벌어지면 대뇌피질은 순간적으로 마비가 되어 제 기능을 못하게 되는 경우가 많습니다. 위협에 대한 우리의 반응 3가지를 살펴봅시다.

첫째는 싸우는 반응입니다. 대표적으로 보복 운전을 예로 들 수 있습니다. 사람들은 왜 보복 운전을 할까요? 어떤 분은 운전 중 서로에게 보복 운전을 하면서 싸우다 신호에 걸린 순간 상대를 확인해보니 아는 지인이었다고 하셨습니다. 지인인 줄 알았으면 보복 운전을 하지 않았을 것입니다. 나를 공격한다고 오해하기 때문이라 생각합니다. 이것을 뇌과학적으로 답을 하자면, 보복 운전을 하는 것은 대뇌피질이 훈련되지 못하고 전전두엽이 약해서입니다.

둘째는 도망가거나 회피하는 반응입니다. 위협을 느끼는 사람이나 환경으로부터 물리적으로 도망을 가거나, 심리적으로 상황을 회피하려는 반응을 보이기도 합니다.

셋째는 얼어붙는 반응입니다. 극심한 부부싸움을 목격한 아이가 그 자리에서 얼어붙는 경우, 성폭행의 위협이 있는 상황에서 도망가지 못하고 그 자리에 얼어붙는 경우를 종종 듣게 됩니다. 사람은 자기자신을 지키기 위해 싸우거나 도망가는 반응을 일으킬 수밖에 없습니다. 하지만 이보다 더 극심한 반응은 얼어붙는 반응인데요. 이것을 잘 이해하지 못한다면 범죄 피해자에 대한 2차 가해가 일어날 수 있습니다.

교회 식당에서 성추행을 당하신 분이 저에게 상담을 오셨던 적이 있습니다. 그 일이 있고 난 후 괴로운 마음에 담임목사님께 털어놓았다고 합니다. 안타깝게도 담임목사님은 그 시간에 내가 목양실에 있었는데 왜 소리를 지르지 않았냐고 되물어 보셨다고 했습니다. 그 담임목사님은 지금 설명하고 있는 '얼어붙는 반응'을 이해하지 못하신 것입니다. 이것은 잘못하면 2차 가해가 됩니다. 피해자를 더 병들고 아프게 하는 행위이니까요.

위험과 여러 스트레스, 혹은 충격적 상황에 무방비로 노출되어 싸우거나 도망가거나 얼어붙기를 반복하면 어떻게 될까요? 교감 신경계와 부교감 신경계의 조화가 무너지게 됩니다. 그리고 그것은 다양한 질병을 초래하게 됩니다. 그렇게 초래될 수 있는 질병은 다음과 같습니다.

고혈압, 협심증, 심근경색, 부정맥, 심혈관 질환, 천식, 과호흡 증후군, 소화장애, 과도한 성행위나 성적 무능, 위궤양, 십이지장궤양, 소화불량, 역류성 식도염, 우울, 불안, 공황장애, 중독, 수면장애, 편집증, 이명, 현기증 등

그 항목이 정말 다양하다는 것을 알 수 있습니다. 조금이

라도 몸의 불편함을 느끼고 있는 사람이라면 해당되지 않는 것이 없을 정도입니다. 위험과 스트레스에 잘 대처한다면 이러한 다양한 질병들의 위험도가 떨어질 수 있습니다. 위험과 스트레스를 대처할 수 있는 능력을 준비할 수 있는 세 가지 방법을 제안해보겠습니다.

① 얼음 땡 치료

어렸을 때 다들 한 번쯤 해보았을 얼음 땡 놀이입니다. 자유롭게 움직이다가 갑자기 "얼음"하면서 얼어붙은 상황을 만들고, 잠시 후에 의식적으로 "땡"하면서 스스로를 풀어주는 연습을 하는 것입니다. 신뢰할 만한 사람과 짝을 지어, 혹은 그룹을 지어 함께 놀이를 하는 것도 좋은 방법입니다.

② 든든한 드림팀

사람의 변연계가 만들어지는 2~5살 시기에는 부모의 역할이 아이에게 더욱더 중요합니다. 아이와 부모 사이의 따뜻한 스킨십, 사랑과 믿음을 주는 시선을 주는 것이 위협에 처한 상황에서 얼어붙지 않고 피하든지, 정면으로 대항하든지 적절한 대처를 하는 데도 도움이 됩니다. 자녀나 손주를 많이 안

아주시고 뽀뽀해주는 것도 큰 도움이 됩니다. 깊은 호흡을 연습시키고, 신앙인이라면 어려서부터 기도와 묵상을 하면서 하나님에 대한 믿음과 감사가 일상화하도록 훈련하는 것도 자녀의 변연계를 강화하고 위협에 대처하는 능력을 기르는데 도움이 됩니다. 한 가정에서 부모와 자녀 사이에 일찍부터 이러한 관계가 일상화 될 수 있다면 이 가정은 그야말로 든든한 드림팀이라고 할 수 있을 것입니다.

③ 심호흡과 마사지

급한 상황에서는 심호흡을 하는 것이 큰 도움이 됩니다. 스스로 목 주변을 주물러 마사지 하는 것도 도움이 될 수 있습니다.

2) 뇌의 네트워크와 뇌가소성

환경과 경험이 주는 변화

제가 어렸을 때는 김포공항이 한국의 유일한 공항이었습니다. 하지만 그 후에 인천공항이 건설되었고 지금은 거의 대부분 인천공항을 통하여 해외로 나가게 되어있습니다. 우리의 뇌도 비슷합니다. 김포공항처럼 쇠퇴 시킬 수도 있고 인천공항같은 새로운 허브를 만들어낼 수도 있습니다. 뇌가소성이란 이처럼 뇌의 기능이나 구조가 환경과 경험에 의하여 변화하는 특성을 가진다는 이론입니다. 뇌가소성은 뇌 과학 분야에서 가장 많은 관심을 받는 가설입니다.[26]

한 여성은 알콜에 대한 좋지 않은 감정과 기억을 가지고 있습니다. 훗날 이 여성은 차와 커피를 즐겨 마시게 되었습니다. 그리고 커피의 원두와 로스팅 정도에 따른 향과 맛을 너무나도 잘 구분해냅니다. 하지만 와인향은 지금도 전혀 구분하지 못합니다. 이 여성과 같은 이에게 와인향

---

26 노먼 도이지, 『The Brain that Changes Ifself, 기적을 부르는 뇌』

을 잘 구분할 수 있게 하려면 어떤 방법이 있을까요? 간단합니다. 좋은 사람들과 좋은 분위기에서 즐겁게 와인을 즐기는 경험을 반복하면 됩니다.

저는 한때 바둑을 6단까지 두었던 경험이 있습니다. 그 후에 바둑에 쏟아붓는 시간이 너무 아까워서 10년 정도 바둑을 두지 않았습니다. 그리고나서 기력 테스트를 했더니 3급 실력이라는 판정을 받았습니다. 제 뇌에 바둑을 두는 네트워크가 6단에서 3급으로 쇠퇴한 것입니다. 하지만 다시 30판 정도 바둑을 두었더니, 다시 5단 정도가 되었습니다, 이처럼 뇌 네트워크는 해체도 되고 다시 살아나기도 합니다. 훈련을 반복하면 다시 살아나고, 그 분야에 관심을 두지 않으면 죽어갑니다.

초등학교 때는 주산학원을 다녔는데, 그 학원에 전국 암산대회 1등을 한 누나가 있었습니다. 어느 날 물었습니다. "누나 머릿속에는 주판이 몇 단위까지 있어?" 제 물음에 암산왕 누나는 제가 미쳐 예상하지 못한 답을 해주었습니다. "시간이 지나니까 주판은 사라지고, 숫자 주머니

기능의학 평생건강 4항목 집중관리

에서 숫자가 떨어지더라! 일, 십, 백, 천, 만 십만 백만 천만까지…" 당시 머릿속에 주판이 5단위가 있었던 저는 누나가 100만 단위나 1000만 단위 주판이 머리속에 있다고 할 것이라고 예상하였습니다. 그러나 누나는 제가 생각할 수 있는 것 이상의 것을 머리에 담고 있었습니다. 그 누나는 뇌를 자신만의 방법으로 발전시킨 것이었습니다. 주판을 주머니로 바꾸는 뇌가소성이었습니다.

뇌가소성은 기억력에 대한 설명에 적합하기도 합니다. 대학 시절 아름다운 자매가 있었습니다. 그 자매는 유치부 아이들을 도맡아 주일학교 선생님으로 섬기고 있었습니다. 신기한 것은 아이들이 매주 성경요절을 잘 암송해온다는 것이었습니다. 아이들은 아직 글을 모르는 연령대인데 어떻게 암송을 할 수 있었는지 궁금해서 비결을 물었습니다. 자매는 아이들에게 먼저 말로 성경요절을 알려주고, 손 유희로 한 번 더 따라 하게 했습니다. 그리고 매주 수요일과 토요일은 아이들과 전화 통화를 하면서 성경요절 외우기를 반복하게 했습니다. 아이들은 그 자매를 잘 따랐고, 연초에 3~4명의 아이들로 시작한 유치부는 연말이 되면 10명이 되어 있었습니다. 아름답고 현명한 자매는 훗날 저의 아내가 되었습니다.

우리의 뇌는 언어를 담당하는 부분도 있고, 각각 소리나 동작에 반응하는 부분도 있습니다. 아이들의 모든 뇌 감각을 사용하여 말씀을 암송하게 한 것은 훗날 아이들의 지능과 뇌 건강에 큰 도움이 되었을 것이라 생각합니다.

뇌 네트워크 발전시키기

그렇다면 뇌 네트워크는 어떻게 발전시켜야 할까요? 뇌 가소성을 위해 먼저 웃는 연습을 해보시기 바랍니다. 우리가 억지로라도 웃으면 뇌 허브에서는 기쁨의 호르몬을 만들어냅니다. 그리고 기쁨의 호르몬은 작은 허브가 되어 뇌 허브 네트워크가 원활하게 작동하도록 돕습니다. 미소도 좋지만, 크게 웃을수록 더욱 좋을듯합니다.

두 번째로는 뇌 가소성을 파괴하는 음식 멀리해야 합니다. 어느 교회에 강의를 하러 간 적이 있습니다. 주일 오후 예배 시간에 하는 강의였습니다. 강의 전 점심시간에 교회 근처 식당에서 만두국 대접을 받았습니다. 그날 강의는 쉽지 않았습니다. 강의를 하는 동안 머리가 아프기도 하고 멍하기도 하면서 아무런 생각이 들지 않았습니다. 그날 제 아이가 PPT 자료화면을 넘기는 것을 도와주

러 함께 갔습니다. 강의가 끝난 후 아이가 한 마디 하였습니다. 그동안 아빠 강의를 많이 봐왔는데 오늘처럼 횡설수설 하는 것은 처음 본다는 것이었습니다. 그런데 이런 증상은 저에게만 있었던 것이 아니었습니다. 딸 아이 역시 머리가 어지러우면서 상황 판단이 잘 되지 않아서 이상하였다고 하였습니다. 이러한 증상의 원인은 점심에 먹은 만두국에 있었습니다. 점심에 먹은 만두국에 MSG가 많이 들어있었던 것입니다. MSG 섭취 후 몸에 아무런 이상을 느끼지 못하시는 분들도 있습니다. 하지만 당장 몸에 이상 신호가 나타나지 않는다고 하여 안심할 수는 없습니다. 이쯤에서 임계점에 대하여 생각해볼 필요가 있습니다. 임계치까지 물이 가득한 컵에는 물을 단 한 방울만 더해도 컵에서 물이 넘치게 됩니다. 우리 몸도 이 경우의 물컵에 견주어 생각해볼 수 있습니다. MSG 섭취 등으로 아직 감지되지 않는 몸의 작은 이상 신호들이 몸에 쌓이다가 결국 임계점에 이르게 그 순간 뚜렷하고 강력한 몸의 이상 신호로 나타날 수 있습니다. 뇌 가소성을 위해서는 뇌 네트워크를 파괴하는 음식의 섭취를 피해야 합니다. 그러한 음식들로는 인스턴트 식품과 색소, 합성첨가물, 아스파탐, MSG 등이 있습니다. 이것들의 섭취를 피해야 합니다.

세 번째, 새로운 분야에 도전해보는 것이 좋습니다. 이것은 전혀 사용하지 않던 뇌를 개발할 수 있는 좋은 방법입니다. 저는 최근에 장기를 배워보았습니다. 새로운 것에 대한 도전은 뇌 가소성을 이용한 뇌 네트워크를 발전시키는 좋은 방법입니다.

3) 수면과 뇌청소

수면과 글림프 시스템

여러분이 위급한 상황에 응급실에 갔는데 담당 의사가 술에 취해 진료를 한다면 어떨까요? 저도 인턴 레지던트 시절 며칠간 잠을 제대도 자지 못하면서 응급실에 근무하던 때가 있었습니다. 어떻게 그런 생활을 몇 년씩 이어갈 수 있었는지 과거의 나 자신이 대단하게 느껴지곤 합니다. 하지만 그것이 마냥 대단하고 열정 있는 젊은 날의 추억이라고 하기에는 모두를 당황스럽게 할만한 연구 결과들이 계속해서 나오고 있습니다. 사람이 24시간 동안 수면에 들지 않으면 면허 취소 수준인 혈중알코올농도 0.08%의 상황과 동일한 집중력 저하 상태를 보인다는 연구 결과가 있습니다.[27] 어쩌면 과거에 우리 모두는 술에 취한 것 같은 의사들에게 내 몸을 맡긴 것일지도 모르겠습니다. 잠이 보약이라는 말을 들어보셨을 것입니다. 매일매일 양질의 수면을 확보하기 위한 노력이 절실합니다.[28]

---

27   Indira Gurubhagavatula, M.D., MPH   https://www.med.upenn.edu/apps/faculty/index.php/g362/p15640

28   김준호 외 2, 『24시간 수면 박탈의 정신생리적 변화와 카페인의 효

림프계는 우리 몸에 쌓이는 노폐물과 독소를 제거합니다. 2013년 로체스터 대학의 마이켄 네더가드 박사는 공포스러운 발견을 하였습니다.[29] 실험 참가자들에게 잠을 권했고 잠자는 동안 참가자들의 뇌를 실시간으로 촬영해본 결과 뇌의 크기가 65% 감소한 것이었습니다. 크기만 줄어든 것이 아니고 리듬을 타고 진동까지 하였습니다. 뇌 크기가 감소하고 리듬을 타고 진동을 하자 뇌세포 안에 있던 쓰레기 독소 노폐물이 압착되어 배출되었습니다. 마치 모래를 손바닥에 올려놓고 주먹을 쥐었을 때 손가락 사이로 모래가 빠져나오는 것 같은 상황이었습니다. 뇌가 줄어들어 상대적으로 생긴 빈 공간에 독소들이 모이게 되고 뇌척수액이 순환하면서 독소들을 제거하였습니다.

....

과』, 생물치료정신의학 제 10권 제1호, 2004

29 The glymphatic system: a novel component of fundamental neurobiology; LM Hablitz, M Nedergaard- Journal of Neuroscience, 2021 – Soc Neuroscience

그 연구팀 중 한 명이었던 카리 알리탈로 박사는 2015년에 뇌로 확장되어 독소를 제거하는 림프계의 일부를 글림프 시스템이라 불렀습니다[30]. 그는 충분한 숙면을 취해야 독소가 제거된다는 점과 수면의 질이 감소하면 치매의 가능성이 높아진다고 주장하였습니다.

우리의 뇌는 보통 약 1.3kg입니다. 신체의 1~3% 정도의 작은 무게를 가지고 있지만 심장이 박동할 때 혈류의 20%가 뇌로 이동합니다. 즉 호흡으로 만들어진 산소의 20%를 뇌에서 소모합니다. 작은 뇌가 많은 산소를 사용하는 과정에서 노폐물과 활성산소가 만들어집니다. 때문에 충분한 숙면이 없으면 노폐물 제거가 어려워지고, 결국 치매 발병의 가능성이 높아집니다.

좋은 잠을 자는 6가지 생활수칙

잠자는 시간은 인생을 낭비하는 시간이 아닙니다. 뇌를 청소하고 기억을 분류, 저장하는 아주 중요한 시간입니

---

30 A dural lymphatic vascular system that drains brain interstitial fluid and macromolecules; Kari Alitalo- Brief Definitive Report, June 15, J Exp Med (2015) 212 (7): 991-999

다. 다음은 좋은 잠을 자는 6가지 생활수칙입니다.

첫째, 잠자는 시간을 알리는 알람을 맞추는 것입니다. 매일매일 정해진 시간에 알람을 맞추고 알람이 울리면 당장 침대에 누워 바로 잠자리에 드는 것이 좋습니다. 둘째, 침대 사용 수칙입니다. 침대는 수면 이외의 목적으로 이용하지 않는 것이 좋습니다. 전자기기에서 나오는 블루라이트는 수면장애의 원인이 됩니다. 잠자기 전 적어도 1시간 전에는 블루라이트 전자기기를 보지 않는 것이 좋습니다, 셋째, 취침 전 생각을 비우는 것입니다. 취침 전에는 눈을 감고 아무런 생각도 하지 않는 것이 좋습니다. 짧게 들이마시고, 잠깐 멈추었다가 길게 내쉬는 '1.2 호흡'을 반복하시는 것도 좋은 방법입니다. 넷째, 잠이 오지 않을 때는 충분한 에너지 소비가 필요합니다. 잠드는 것이 어려운 밤이라면 과감히 침실 밖으로 나와 할 일을 찾는 것이 좋습니다. 충분한 에너지 소비를 한 후 다시 잠을 청해보는 것이 좋습니다.

기상 시간을 알리는 알람을 설정해둘 것을 권합니다. 수면은 1시간 반을 사이클로 돌아갑니다. 보통 5회 정도의 사이클, 즉 7시간 반 정도의 수면이 적당합니다. 여기에

입면 시간을 두어야 하기 때문에
10~20분 정도의 시간을 추가하여 스
스로에게 알맞은 취침 시각과 기상 시
각을 결정하는 것이 좋습니다. 그리고
취침 시각이나 수면시간에 관계없이
매일매일 정해진 시각에 기상하는 것이 좋습니다. 또 건
강한 생활 패턴을 유지하기 위해 낮잠은 30분 이상 자지
않도록 하는 것이 좋습니다.

일광절약시간(daylightsavingtime)이라고도 하는 섬머타임은
여름철에 표준시보다 1시간 시계를 앞당겨 놓는 제도를
말합니다. 햇빛에 노출되는 시간을 늘려서 건강을 증진하
고 등화를 사용하던 시절 절약을 목적으로 시작되었습니
다. 기능의학 의사인 저는 개인적으로 섬머타임제에 반대
합니다. 실제로 섬머타임을 시행했더니 시행한 다음 주에
교통사고, 작업장의 부상, 심장마비, 뇌졸중이 많아졌다
는 보고가 있었습니다. 또 공정한 판결을 해야 할 판사들
도 섬머타임이 시행된 그 주간에는 더 가혹한 판결을 한
다는 통계보고도 있었습니다. 수면을 박탈하면 더 가혹한
사람이 될지도 모릅니다.

마지막으로 알코올 섭취 후 잠자리에 드는 것은 좋지 않습니다. 술을 마시고 잠을 자면 4시간정도 뒤에는 반동성 각성 상태가 될 수 있습니다. 잠들기 위한 수면제용이라는 명분으로 섭취하는 알콜은 절대 금물입니다.

수면제 이야기

처방되는 대부분의 수면제는 사실 장기간 투약하기가 두려운 약물들입니다. 수면제를 복용할수록 내성이 생기고, 부작용이 발생한다는 연구 결과들이 자주 보고되고 있습니다. 저는 멜라토닌 대사 과정에 대한 설명으로 수면장

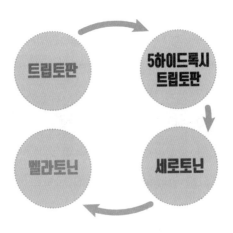

[그림 27] 트립토판 – 5ht – 세로토닌 – 멜라토닌 표

애 문제를 다루어보겠습니다. 우리는 최종적으로 멜라토닌이 있어야 숙면을 취할 수 있습니다. 멜라토닌 합성의 첫 시작은 트립토판입니다. 트립토판은 바나나, 두부, 달걀노른자 등에 많이 들어있습니다. 그리고 대사 과정에는 비타민B6, 비타민B9, 비타민C, 마그네슘 등이 필요합니다. 하지만 재료와 효소들만 의지하지 말고 반드시 햇볕을 쬐면서 걷는 시간을 갖는 것도 필요합니다. 낮에는 햇볕 속에서 생활하다가 밤에는 반대로 완전한 어둠이 있는 환경을 만들어야 멜라토닌이 잘 분비될 수 있습니다. 저는 기능의학 의사로서 다음 4가지를 건강한 수면을 위한 방법으로 추천합니다.

1) 낮에 햇볕 쬐며 산책하기

2) 맨발걷기

3) 일출과 일몰을 바라보기

4) 트립토판, 테아닌, 가바, 멜라토닌을 소량씩 돌아가
   며 복용하기

뇌를 청소하는 7가지 방법

뇌를 청소하는 7가지 방법을 소개합니다.

① 양질의 수면
양질의 수면을 습관화해야 합니다. 잘 자지 않으면 치매
로 이어질 확률이 높아집니다.

② 야식 삼가하기
저녁 식사 후 소화가 되기도 전에 잠에 들면 뇌로 가야 할
혈류량이 소화를 위해 위장으로 분산되어 흘러갑니다. 잠
을 자는 시간 동안 뇌로 가는 혈류량이 줄어든다면 매일
매일 이루어져야 하는 뇌 청소에 문제가 생깁니다. 뇌 청
소가 되지 않으면 뇌에 노폐물이 쌓이고, 이는 치매로 이
어질 확률이 높습니다.

③ 좋은 차 마시기

좋은 녹차나 홍차를 마시는 습관을 만들기 바랍니다. 좋은 차는 몸속 노폐물을 배출시키고, 뇌 청소를 돕습니다.

④ 좋은 지방 섭취하기

좋은 올리브오일이나 견과류, 오메가 3를 섭취하는 것이 좋습니다. 올리브오일이 듬뿍 들어간 감바스 요리를 즐겨 드시는 것도 하나의 방법입니다.

⑤ 커큐민과 유산균 섭취하기

커큐민은 인도산 울금에 함유되어 있는 폴리페놀의 일종입니다. 산화 스트레스(활성산소)를 제거합니다. 아침 식사에 1그람 정도의 커큐민을 섭취할 것을 권장합니다. 유산균도 뇌 청소에 도움이 됩니다. 베타아밀로이드는 치매의 발병과 관련이 있는 것으로 알려졌습니다. 농촌 진흥청에서는 '토종항산화 유산균'이 베타아밀로이드를 줄이는 것으로 발표하였습니다. 다양한 유산균의 섭취는 뇌 청소에 도움이 됩니다.

⑥ 명상과 요가

명상과 요가가 호흡과 뇌 활동에 도움을 준다는 것은 역사적으로 오래 전부터 널리 알

려져 있습니다. 명상과 요가는 오래 동안 널리 사용되어 온 일반화된 뇌 청소 방법 중 하나입니다.

⑦ 자세 교정 등으로 뇌림프순환 촉진하기

뇌림프순환은 뇌청소에 중요한 영향을 줍니다. 효과적인 뇌림프순환은 뇌척수액순환에 의존합니다. 그러므로 뇌척수액순환을 활성화하는 것이 매우 중요합니다. 평소에 뇌척수액순환이 원활하게 이루어지게 하기 위해서는 올바른 자세를 가져야 합니다. 왜냐하면 올바른 자세로 엠마인형처럼 구부러진 자세가 교정이 되면 뇌척수액 순환이 회복되기 때문입니다.

4) 뇌 호르몬

도파민

도파민은 세로토닌과 함께 우리의 일상생활에 큰 영향을 주는 신경전달 호르몬입니다. 도파민의 분비에 따라 우리의 일상생활에서 성취감, 보상감 등 행복감과 긍정적인 감정을 누립니다. 그러나 다른 호르몬들처럼 도파민도 효력이 오래가지는 않습니다. 도파민의 효력이 감소하면 오히려 우울과 불안 등 부정적인 감정에 사로잡히게 됩니다. 그러므로 너무 급하거나 강렬한 도파민 분비와 또 급격한 감소보다는 안정적인 도파민분비와 감소가 더 유익합니다.

도파민이 분비되는 양상에 따라 도파민 분비가 우리 몸에 미치는 효과는 전혀 다르게 나타날 수 있습니다. 긍적적인 효과를 나타내기도 하고 부정적인 효과를 나타내기도 합니다. 즉, 도파민 분비에는 긍정적인 도파민 분비와 부정적인 도파민 분비가 있다고 생각해볼 수 있습니다.

긍정적인 도파민 : 운전면허 시험에서 통과했을 때, 수영을 배우면서 처음 물에 떴을 때, 처음 두발자전거를 탔을

잃어버렸던 것을 찾았을 때	10
일상에서의 작은 친절	12
칭찬	13
웃음	15
울음	16
멋진 풍경이나 그림을 보았을 때	17
험담	19
감동	20
위로를 해줬을 때	20
합격	20
자신의 결과에 의한 뿌듯함	30
자신과 연관된 타인의 결과에 의한 뿌듯함	30
믿음에 대한 결실	30
숙면을 취하고 깨어난 아침	35
위대한 발견이나 일에서의 성취감	45
공포감	50
섹스	55
여행	55
좋아하는 이성과의 교제를 성공한 순간	80
도박	115
SNS	?
마약	150

[그림 28] 쾌락의 수치

때, 퍼즐 마지막 조각을 끼웠을 때, 주차장에서 주차 자리를 찾았을 때 등

부정적인 도파민 : 마약 중독자가 마약 구매에 성공했을 때, 도둑이 절도에 성공했을 때, 성 포르노를 시청했을 때, 폭력성이 높은 영상을 시청했을 때, 자극적인 SNS 콘텐츠를 접했을 때 등

좋은 도파민 분비가 이루어지지 않으면 사람들은 자연스럽게 부정적인 도파민 분비를 추구하게 됩니다. 도파민 없이 살 수 있는 사람은 없기 때문입니다. 다음은 쾌락에 대한 수치 정도를 정리한 표입니다.

놀랍게도 SNS의 쾌락 수치가 도박보다 높고 마약보다 낮은 수치를 차지하고 있습니다. SNS는 엄청난 도파민을 만들어내기 때문에 SNS 중독으로 이어지는 경우가 많습니다. 유튜브나 인스타그램 같은 SNS의 동향을 살펴보면 점점 짧고 강렬하고 자극적인 콘텐츠들이 주를 이루고 있습니다. 15분 이상의 콘텐츠보다 30초짜리 숏폼 콘텐츠가 흥행을 하고 있습니다. 시간은 점점 짧아지고 자극은 더 강한 도파민 분비를 요구하는 시대인 셈입니다. 하지

[그림 29] 장미   [그림 30] 바오밥나무

만 저는 뇌를 쉬게 하는 취미들을 가질 것을 권합니다. 가벼운 운동, 산책, 음악감상, 묵상 등 뇌를 쉬고 몸이 여유를 누릴 수 있는 건강한 취미를 찾아보시길 바랍니다. 요즘에는 흐르는 물을 보고 멍하니 생각을 비우는 '물멍', 타오르는 장작을 보며 멍하니 생각을 비우는 '불멍'이 잔잔하게 유행하고 있습니다. 뇌를 쉬게 해주는 물멍과 불멍은 의사로서 강하게 추천하는 취미입니다.

세로토닌

세로토닌은 스스로를 사랑받는 존재라고 느낄 때 분비되

는 호르몬입니다. 우울증과 밀접한 관계가 있어서 우울증 치료에 사용되는 항우울제, 항불안제는 사실은 세로토닌를 조절하는 역할을 합니다. 세로토닌은 비타민D의 영향을 많이 받습니다. 비타민D 수치가 올라가면 세로토닌 수치도 함께 올라갑니다.[31][32][33] 건강한 세로토닌 관리를 위해서는 충분한 비타민D 흡수가 필요합니다. 실내를 벗어난 야외 활동과 햇볕을 쬐며 하는 산책을 추천합니다. 좋은 볕 아래서 지난날의 좋은 기억들을 회상하며 산책을 하면 더 좋은 효과를 얻을 수 있습니다. 작은 씨앗이 훗날 탐스러운 장미 꽃을 피우고, 작은 씨앗이 훗날 웅장한 바오밥 나무로 자라나듯이 우리에게 다가올 미래의 영광과 행복을 생각하며 잠시 생각에 잠기는 것 역시 세로토닌을 분비하게 하는 좋은 방법이 될 수 있습니다. 세로토닌을 가장 많이 분비하는 기관은 장입니다. 장에 있는 유익균들이 세로토닌을 많이 만들어내기 때문에 결론적으로 장

31 한국 뇌연구원, 『주간 뇌연구 동향』, 2015.02.27

32 Vitamin D hormone regulates serotonin synthesis. Part 1: relevance for autism, Rhonda P. Patrick /The FASEB Journal /Volume 28, Issue 6 / p.2398-2413

33 Optimal vitamin D spurs serotonin: 1, 25-dihydroxyvitamin D represses serotonin reuptake transport (SERT) and degradation (MAO-A) gene expression in cultured rat serotonergic neuronal cell lines, /Marya S. Sabir /Genes$Nutrition /Volume 13, article number 19,(2018)

을 건강하게 관리하는 것이 우리 뇌를 건강하게 관리하는
방법이 되기도 합니다.

옥시토신과 엔도르핀

옥시토신은 스킨십을 하면 잘 분비되는 호르몬입니다. 아
래 사진은 제 큰딸의 어렸을 적 모습입니다. 제 아내가 아
이의 볼이 꽉 눌리도록 뽀뽀를 하고 있습니다. 어린아이
에게 스킨십으로 충분한 사랑을 표현해주고, 부부가 출근
전 뽀뽀를 하고, 교회에서 성도 간에 서로를 축복하며 악
수를 하고, 반가운 친구를 만나 서로 허그를 하고, 노부부
가 손을 잡고 공원 산책을 하
고... 이 모든 것이 옥시토신을
분비하게 하는 방법입니다. 격
려와 응원, 따듯한 스킨십은 옥
시토신을 분비하고, 우리의 뇌
를 건강한 뇌로 관리하는데 큰
도움이 됩니다.

[그림 31] 아이에게 뽀뽀하는 모습

엔도르핀은 사람이 미소와 웃음을 지을 때 분비되는 호르
몬입니다. 즐거운 상황이든지 힘들고 짜증 나는 상황이든

지, 처한 상황과 상관없이 의지적으로 감사의 제목을 떠올리며 미소 짓는 연습을 해보시길 바랍니다. 입에 연필을 물고 거울을 보며 웃는 연습을 하는 것도 엔도르핀을 분비하게 합니다.

스트레스 관리

살다 보면 언제나 좋은 호르몬만 나오게 하는 것은 불가능합니다. 살아가면서 스트레스를 완벽하게 차단하고 살아갈 수는 없습니다. 성경 인물 중에서 스트레스가 극심했을 대표적인 인물은 아마도 요셉일 것입니다. 어릴 때 잠시 아버지의 사랑을 받은 행복한 시절을 제외하고 그의 인생 대부분은 그야말로 스트레스로 가득찼을 듯 합니다. 형제들에게 죽을 뻔하고, 외국으로 팔려가고, 상전의 아내에게 모함을 받아 최고의 직장에서 쫓겨나 감옥에 갇히고, 꿈을 해몽해주고 은혜를 베풀어준 사람에게 망각 당하고.... 요셉의 경우를 예로 들어서 현대 스트레스 계산법에 따라 점수를 매겨보겠습니다. 감옥에 갇혔으니까 63점, 직장에서 해고되었으니 45점, 상사와의 마찰 23점… 몇가지 항목만 계산하여 점수를 합산해보아도 200점이 넘습니다. 사람은 스트레스가 150점이 넘어가면 자

배우자의 죽음	100
이혼	73
배우자와의 별거	65
교도소 혹은 보호시설 수감	63
가까운 친척의 죽음	53
심한 부상이나 질환	50
결혼	47
해고	45
부부의 화해	45
퇴직, 사직	44
가족의 건강과 행동의 변화	40
임신	39
생활의 장애	39
새로운 가족이 생김(출생, 입양, 노부모의 이사)	38
중요 사업조정 등 직무상의 변화	37
가계 상의 큰 변화	36
가까운 친구의 죽음	36
배치전환, 전근	36
부부싸움 횟수 크게 변할 때	35
1000만 원 이상의 저당권 설정	31
자녀가 집을 떠남(결혼, 대학입학 등)	29
인척관계에서의 마찰	29
두드러진 개인적 성공	28
배우자가 취직하거나 퇴직할 때	26
입학이나 졸업	26

기능의학 평생건강 4항목 집중관리

생활 환경의 커다란 변화 (새집 마련, 가족/이웃관계 악화)	25
개인적 습관의 변화(의상, 태도, 교제 등)	24
상사와의 마찰	23
일하는 시간과 근로조건의 변화	20
주거지의 변화(이사)	20
전학	20
오락의 종류나 양의 주된 변화	19
종교활동의 커다란 변화	19
사회활동의 주된 변화	18
사회활동의 주된 변화(클럽, 영화 등)	18
1000만 원 이하의 저당이나 대부 설정	17
수면습관 변화(평상시보다 많거나 적을 때)	16
가족 모임 횟수의 큰 변화	15
장기간의 휴가(여름휴가, 방학)	13
크리스마스, 설날, 한가위 등의 명절	12

[그림 32] 스트레스 점수 계산

살을 생각할 확률이 높아집니다. 그리고 200점이 넘으면 자살을 실행에 옮기도 합니다. 그런데 요셉은 어떻게 비참한 결과를 떠올리지 않고 고난을 딛고 일어설 수 있었을까요? 저는 살면서 억울한 일을 당했을 때 이를 통해 말씀하시고자 하는 하나님의 마음에 집중해봅니다. 당장이 상황을 이해할 수는 없지만 지금 내가 할 수 있는 최선을 다하고자 마음을 다잡습니다. 이것은 제가 신앙인이기 때문에 가능한 일입니다. 아마 요셉도 저와 비슷한 사고와 과정을 거치지 않았을까 생각합니다. 실제로 그는 자기의 인생길을 하나님이 계획이 있어서 그렇게 하셨다고 믿고 있습니다. 그리고 나중에 자기를 팔아치운 형들에게도 그렇게 말합니다. 신앙의 관점에서 갖는 이해라고 할 수 있지요.

동시에 요셉은 앞서 설명했던 대뇌피질이 잘 관리되지 않았을까 생각되기도 합니다. 어려서 색동옷을 입혀 주신 아버지의 사랑으로 인해 요셉의 변연계가 건강하게 완성되었고, 주인의 아내가 성적 유혹을 해왔을 때 거절할 수 있었던 것도, 스트레스를 잘 관리한 것도 잘 형성된 대뇌피질의 역할이 컸으리라 생각됩니다. 스트레스를 건강하게 이겨내기 위해 스스로의 마음을 단단하게 하고, 생각의 사고를 긍정적인 방향으로 이끄는 연습을 해보시길 바랍니다.

스트레스를 이겨내는 연습을 하실 수 있도록 한 가지 방법을 추천합니다. 스트레스에 사로잡혀 있는 자기 자신을 제3자의 위치로 객관화한 다음 또 다른 나 자신을 발동하여 제3자의 시점에서 나를 격려하고 다독이고 위로하고 달래고 가르치고 포용하고 감사할 조건을 찾는 일을 의지적으로 시도해보는 것입니다. 그리고 이러한 태도를 현실을 힘들어하는 다른 사람에게도 실천해보는 것입니다. 예를 들어봅니다.

예1) 강의 준비하느라 밥도 못 먹었어 배고파 → 진석아 강의 준비하는 동안 너의 뇌가 더 젊어졌을 거고, 꼬르륵소리 들었으니 장도 혈당에도 유익했을 거야. 아마도 치매가 1개월은 뒤로 물러났을 거다.

예2) 나는 이제 끝났어. 아무런 가능성도 없고 해결책도 없어. 죽는 것밖에는 다른 길이 없어! → 아니야. 죽을 각오로 한번 다시 살아볼 수는 있잖아. 이전에도 그 어려운 고비를 잘 넘긴 적이 있잖아. 이 어려움은 나의 실력을 기르는 과정일거야. 하나님이 다 보고 계셔. 알고 계셔. 무슨 좋은 계획이 반드시 있으실 거야. 결국은 합력해서 좋은 결과를 만들고 결국 유익이 될거야. 이런 과정을 당해내고 있는 나를 하나님이 자랑스러워하셔.

예3) 아빠 졸업논문 겨우 통과 했어요. 앞으로 졸업까지 더 큰 산이 2개나 더 남았어요 → 제일 어려운 산을 넘었네. 잘 넘었으니 앞에 있는 작은 산은 쉽게 넘을 수 있어. 파이팅~

예4) 암이래요. 2년 생존율이 10%가 안된대요. 이렇게 처참할 수가 없어요 → 10%는 살아있는 거네요. 살아있는 10%의 뒤를 따라가 보시지요. 죽은 90%의 길을 피하고 살아있는 길을 따라가면 점점 확률이 높아질 겁니다.

5) 마음 관리

물질과 외로움

성경에는 어리석은 부자 이야기가 등장합니다. 예수님께서 직접 들려주신 어느 부자 이야기입니다(누가복음12장). 그는 막대한 재산을 가진 부자가 되었습니다. 그러나 함께하는 이 하나 없이 철저하게 자기만 생각하며 살아갑니다. 재산은 많지만 함께하는 사람은 없습니다. 그러니 사실은 철저한 고독 속에서 사는 사람입니다. 고독 속에서 보내는 하루하루의 인생길은 매우 괴로울 것입니다. 줄리언 홀트 랜스스테드교수의 연구에 따르면 흡연은 사망위험을 1.6배 상승시킵니다.[34] 과도한 음주는 1.4배 입니다. 사회적 고립은 몇 배일까요? 1.9배입니다. 이 연구의 결과가 충격적인 것은 사람에게는 외로움과 고독이 술과 담배보다 더 위험하다는 점입니다. 앞에서 50세부터 매일 한 갑씩 담배를 피우는 사람의 경우 예상 수명이 10년 정도 감소할지도 모른다는 내용을 소개했습니다. 그런데 고

---

34 Loneliness and Social Isolation as Risk Factors for Mortality: A Meta-Analytic Review; Julianne Holt-Lunstad, First published online March 11, 2015

독은 담배보다 사망위험이 더 높습니다.

공간과 마음 관리

제 아내와 딸들은 깨끗한 화장실을 좋아합니다. 외부에서 화장실을 찾을 때 깨끗하지 않으면 절대 사용하지 않더군요. 깨끗한 화장실은 분명히 배설에 영향을 줍니다. 그리고 '화장실'이라는 공간은 심장과 방광에 밀접한 관계가 있습니다. 사고를 확장해서 생각해보면 이렇게 정리할 수 있습니다.

① 거실은 휴식과 해독의 공간, 간에 밀접한 관계가 있습니다.
② 주방은 영양소와 관계가 있으니, 위와 소장에 영향이 있습니다.
③ 천장의 높이는 공간감을 느끼게 하므로 자율신경계에 분명한 영향이 있습니다.
④ 서재는 지식과 사고를 좌우합니다. 좌뇌와 우뇌의 발달에 큰 영향이 있습니다.

위와 같은 인식을 갖고 우리가 대하는 공간이 우리 몸에 그러한 효과를 잘 이루어내도록 공간조정과 배려를 한다면 평생의 건강을 관리하는 일상을 사는데도 직접 혹은 간접적으로 도움이 될 것입니다. 예를 들어 여러분의 서재를 한번 돌아보세요. 서재 안에 인문학책을 비롯한 아름다운 시집, 만화책, 멋진 그림이나 사진, 좋은 스피커가 있다면 우뇌의 발달에 도움이 될 것입니다. 어려운 교리와 수리, 신학책들로 가득차 있다면 좌뇌의 발달에 도움이 되고 있을 것입니다. 어느 한 쪽만 과도하게 발달되는 것보다 좌뇌와 우뇌가 균형 있게 발달하도록 서재를 꾸밀 것을 추천합니다.

성장에 필요한 마음 관리

돌아온 탕자의 이야기를 아실 겁니다. 탕자 이야기 중에서 우리가 건강하고 행복한 노년을 위해 집중해야 할 부분은 탕자를 생각하는 아버지의 마음입니다. 아이에게 무조건적인 사랑으로 언제나 자기를 기다려주는 부모가 있음을 알려주는 것은 무척 중요한 일입니다. 이 때문에 저희 교회에서는 새벽마다 아이들을 위해 기도하는 부모가 있다는 것을 알려주기 위해 기도제목을 주보에 끼워 온 가족이 공유하는 방법을 실행하기도 했습니다. 부모를 떠나 멀리 떠나 있거나 장성하여 독립한 자녀들에게도 기도 제목을 공유하게 합니다. 탕자 이야기에서 보는 바와 같이 자녀에게는 기다려주는 부모가 있다는 사실이 얼마나 중요한가를 보여주는 한 연구 결과를 소개하고자 합니다.[35] 하와이 카우아이섬 종단연구 이야기입니다. 종단연구란 오랜 시간 동안 진행하는 연구를 말합니다.

하와이에 '카우아이'라는 아름다운 섬이 있습니다. 하지만 아름다운 자연환경과는 반대로 이 섬은 가난과 질병, 알코올 중독, 성범죄, 마약 중독이 난무하는 저주받은 지역으로 여겨졌습니다. 이 때문에 정신질환 환자들도 많았고, 아이들은 제대로 된 교육을 받을 수도 없었습니다. 한 연구팀이 카우아이섬을 대상으로 30년 이상 연구를 진행했습니다. 연구의 가장 기본적인 개념은 '사람은 환경에 영향을 받는다'였습니다. 마약 중독자의 아이는 마약 중독자가 되고, 범죄자의 아이는 범죄자가 될 가능성이 크다는 가설을 세우고 이를 증명하기 시작한 것입니다.

---

35 Werner, E. E., & Smith, R. S. (1982). Vulnerable but invincible: Alongitudinal study of resilient children and youth. New York: McGraw Hill.

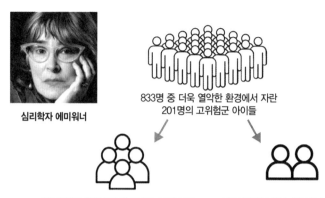

심리학자 에미워너

833명 중 더욱 열악한 환경에서 자란
201명의 고위험군 아이들

학교생활의 부적응과 학습장애, 여러 갈등,
범죄 기록, 정신질환, 미혼모

밝고 건강한 청년, 학업우수,
미국 대학입시시험(SAT) 상위10%에
든 아이도 있음

[그림 33] 카우아이섬 종단연구[36]

하지만 M이라는 아이를 발견하면서 기존의 가설을 뒤집는 새로운 연구 결과가 발표되었습니다. 카우아이섬에서 자란 M은 학교 회장에 SAT 성적 상위 10% 안에 들 정도로 미국에서 원하는 이상적인 아이로 자랐습니다. 종단연구는 카우아이섬의 833명의 아이들을 대상으로 진행하였습니다. 그리고 조사대상 833명의 아이들 중 201명을 결손가정을 포함한 부모의 범죄나 부재로 인한 고위험군

---

36   Emmy E. Werner 에미 워너 https://en.wikipedia.org/wiki/Emmy_
Werner

으로 따로 분류했습니다. 위의 M은 이 고위험군 그룹에 속하는 아이였습니다. 그런데 고위험군으로 분류된 201명의 아이들 중 M을 비롯한 72명의 아이들이 이상적인 올바른 아이로 자라난 것입니다. 고위험군 아이들 중 30%가 가설을 뒤집고 예상치 못한 결과를 보여준 것입니다. 이 30%의 아이들에게서 공통적으로 확인되는 것이 있었습니다. 높은 '회복 탄력성'입니다.[37] 그리고 30%의 아이들을 대상으로 조사하고 연구한 끝에 내린 결론은 이것입니다. "아이의 입장을 무조건적으로 이해해주고 지지해주는 어른이 아이의 인생에 단 한 명이라도 있다면, 어려운 환경과 관계없이 그 아이는 멋진 인생을 살아낼 수 있다."

이러한 사례들에서 우리가 분명하게 확인하는 사실이 있습니다. 아무리 상황이 어려워도 마음을 어떻게 갖는가에 따라 상황을 극복할 가능성이 커진다. 아무리 여건이 어려워도 그에게 무엇이 여전히 주어지고 있는가에 따라 그는 상황의 산물이 아니라, 상황을 극복한 사람으로 살아갈 수 있다. 다시 말하면, 마음 관리는 상황 관리 못지않

---

37 홍은숙. 『탄력성(resilience)의 개념적 이해와 교육적 방안』. 특수교육학연구, 2006, 41권 2호, 45-67

게 중요하다는 사실입니다. 그러므로 어려운 상황에 처한 당사자는 본인의 마음을 관리하는 일에 초점을 맞추는 것이 상황에 매몰되지 않는 방법입니다. 또 다른 교훈이 있습니다. 우리 모두는, 그리고 이 사회는 누군가에게 사랑의 태도로 그가 마음 관리를 긍정적으로 그리고 안정감을 갖고 할 수 있도록 배려하고 베푸는 생활을 지속적으로 해야 한다는 것입니다. 우리의 그 배려와 베품이 알지 못하는 사이에 한 사람의 인격과 인생을 살려내고 있을 수도 있습니다.

너무 늦어버리기 전에

사람이 건강하게 살아가는 데는 참으로 중요한 것이 있습니다. 무엇을, 언제, 어떻게 먹고 마시고, 생각하고, 움직이는가입니다. 현대사회를 사는 사람들의 식생활에 초점을 맞추어 주위를 살펴보면 흔히 볼 수 있는 모습들이 있습니다.

"저녁 11시입니다. 치킨과 첨가물 가득한 야식을 시켜놓고 폭탄주를 말아 마십니다. 밤새 술을 마시며 욕하고 싸웁니다. 삐딱하게 반쯤 누워 마시고 있습니다. 자고 일어나보니 새벽 4-5시까지 4차 하며 마신 것은 기억이 나는데 그 이후 어디서 필름이 끊겼는지 기억이 나지 않습니다. 주변이 온통 담배꽁초로 가득합니다. 속이 쓰려 다시 해장국집을 찾아갑니다. 해장술을 한 병 주문합니다. 반쯤 먹었는데 직장에서 급한 전화가 옵니다. 아차! 아침 일찍 제출해야 할 보고서를 작성해야 합니다. 회사로 달려가 찐한 커피로 정신을 차리고 줄담배를 피우며 작업을 하는데 졸립니다. 몸에 각성제를 한 줌 털어넣습니다. 졸음은 사라졌는데 긴장을 계속한 탓에 스트레스 호르몬이 만땅 입니다. 또 야근을 하고 저녁 식사로 소스가 강하여 자극을 주는 소문난 식당을 찾습니다. 먹방에서 본 음식이 기억나서 맘껏 폭식을 합니다. 폭식이 끝나면 늦은 저녁엔 또 술입니다. 흥이 넘치면 오늘은 노래방으로 3차입니다. 집에 가보지만 불은 꺼져있습니다. 뻐근한 몸이 무겁게 느껴지지만 피곤에 지쳐 그냥 잠에 듭니다. 운동은 기회가 날 때나 해볼 양입니다. 건강보조제와 영양제가 부족한 운동을 대신 해줄 것이라 믿으며 오늘도 운동은 포기입니다."

너무 과한 묘사라고 생각할지 모르지만 그렇다고 터무니없이 낯선 모습도 아닐 것입니다.

많은 환자들과 상담을 할 때마다 이들에게 건강한 삶이 얼마나 소중하고 간절한 것인지 절감하게 됩니다. 때로는 이미 늦어버린 시점이어서 마음이 안타깝고 아플 때도 있습니다. 1년이라도 더 강건하게 살아갈 수만 있다면 수천만원, 수억원의 비용도 지불하겠다는 간절함으로 저를 찾아온 분도 있었습니다.

평생건강을 위한 평상시 관리라는 주제로 4가지 항목을 설명드렸습니다. 식습관 관리, 오염과 해독 관리, 자세와 운동 관리, 뇌와 마음관리입니다. 내용을 다시 정리해 보면 이렇습니다.

1. 혈당피크를 피해야 합니다. 이를 위하여 좋은 먹거리를 구하신 뒤 조리법을 잘 선택하시고 소식 단식 12+12-2를 권합니다.

2. 밀과 흰쌀을 줄여 중성지방을 줄이고 좋은 지방을 섭취하여 HDL을 높여야 합니다

3. 출산 때부터 유익하고 다양한 장내미생물을 자라게 해야 합니다. 지금까지 몰랐더라도 이제부터라도 된장 청국장 발효김치 물김치 양배추당근 라페 등을 섭취해야 합니다.

4. 많은 질병에서 자유로우려면 구강 관리와 장내미생물 관리를 잘 해야 합니다.

5. 지방 속의 오염물질을 잘 비우는 조리법을 선택해야 합니다.

6. 중금속과 같은 독소에 노출되는 것은 최소로 하고 전가원리에 따라 몸속 오염물질은 제거하고 유익한 물질 중 부족한 것은 섭취하여야합니다.

7. 발가락부터 시작된 순환을 순환 마사지 등을 통하여 온 몸에 완성하여야 합니다.

8. 혈관해독과 혈관 청소를 해야 합니다.

9. 올바른 자세와 4가지 운동을 해야합니다. 운동은 미래의 건강을 저축하는 것과 같습니다.

10. 추위 노출과 자율신경계를 조절해야 합니다.

11. 노년의 건망증, 치매 가능성을 줄이기 위해서 뇌의 변연계와 대뇌피질의 활발한 활동을 훈련해야 합니다.

12. 평소에 위험한 상황에 대처하는 훈련을 하면 좋습니다.

13. 뇌의 가소성을 이용한 네트워크를 계속 개발하면 치매와 멀어집니다.

14. 수면박탈은 위해성이 음주 운전과 같은 정도입니다. 꿀잠을 자기 위한 습관을 훈련해야 합니다.

15. 나의 생활방식 등을 점검함으로써 어떠한 뇌 호르몬의 분비를 유발하는가를 스스로 점검해보는 습관을 갖는 것이 중요합니다. 예를 들면 긍정적인 효과를 나에게 나타내는 도파민이 분비되는 생활을 하고 있는지, 부정적인 효과를 나타내는 도파민을 분비시키는 행동을 하고 있는지 등을 점검하는 것입니다.

15가지의 항목을 꾸준히 실천하는 것은 결국 생명 그래프를 밀어 올리는 결과를 가져올 것입니다. 그것이 평균수명은 물론 평생 건강을 확보하는 중요한 방법이 될 수 있습니다. 위 항목들을 중단 없이 실천하는 것은 쉽지 않을 수 있습니다. 작은 일들이지만 한동안 의지적으로 꾸준히 실천하면 머지않아 습관이 되고, 습관이 되면 하지 않는 것이 오히려 불편하게 느껴지게 됩니다. 그렇게 유지되는 평상시의 작은 실천이 평생의 건강을 유지하게 하는 원동력이 될 수 있습니다. 저의 조언과 제안을 따라서 건강한 생활 습관과 바른 사고 습관을 갖게 되면 늘어나는 수명을 평생 건강하게 살아갈 수 있을 것임을 다시 한번 강조하고 싶습니다. 그리고 평상시의 건강을 위한 작은 실천을 일상생활의 일부가 되고 습관이 되도록 계속하시기를 권해드리고 싶습니다. 그것은 "이미 너무 늦어버린 시점"이 오는 것을 막는 지혜이기도 합니다.

이 책은 기능의학을 통한 평생건강을 염원하며 펴내는 저의 3번째 책이 되었습니다. 이 책의 발간에도 저의 큰딸 보인이가 편집자의 역할로 큰 도움을 주었습니다. 의사 아빠와 편집자 딸이 합심하여 펴낸 이 책이 독자 여러분의 평생 건강에 큰 도움이 될 수 있기를 기대해봅니다.

1일1식 /나구모 요시노리 /위즈덤하우스

3가지 체액이 내 몸을 살린다 /가타히라 에츠코 /라의눈

65세부터는 공복이 최고의 약이다 /이시하라 유미 /청홍

고독이라는 병 /김형석 /홍림

기적의 식단 /이영훈 /북드림

껌만 씹어도 머리가 좋아진다 /오노즈카 미노루 /클라우드나인

꿀잠의 과학 /김유겸,이유진,최승홍 /위즈덤하우스

나는 질병없이 살기로 했다 - 독소를 청소하면 왜 병과 비만을
    사라지는가? /하비 다이아몬드 /사이몬북스

나는 치매를 다스릴 수 있다 /최낙원 /아침사과

너무 놀라운 작은 뇌세포 이야기 /도나 잭슨 나카자와 /브론스테인

노화가 잘못 됐습니다 /마키타 젠지 /더난콘텐츠

뇌 해독의 신비 - 치매 걸리고 싶지 않다 /혼마 료코, 혼마 류스케 /
    중앙생활사

느리게 나이 드는 습관 /정희원 /한빛라이프

당신도 느리게 나이 들 수 있습니다 /정희원 /더퀘스트

당신이 잘 잤으면 좋겠습니다 - 매일이 피곤한 당신을 위한 숙면
    처방 /김경철 /세종

도둑맞은 집중력 /요한 하리 /어크로스

도파민네이션 /애나 렘키 /흐름출판

마음챙김 /샤우나 샤피로 /안드로메디안

먹는 단식 FMD - 아프지 않고 오래 사는 식사 혁명 /정양수 /
    문학동네

모세혈관도 모르고 건강관리 한다고? /김성호 /예나루

병 안 걸리고 사는 법 /신야 히로미 /이아소

불안할 땐 뇌과학 /캐서린 피트먼, 엘리자베스 칼 /현대지성

브레인 키핑 /마크 밀스테인 /웅진 지식하우스

생활 속에서 실천하는 세로토닌 뇌 활성법 /아리타 히데호 /전나무숲

수은중독 /David Hammond /이정현

숙면의 모든 것 /니시노 세이지 /브론스테인

슈퍼 미네랄 요오드 /이진호, 황성혁

안병수의 호르몬과 맛있는 것들의 비밀 /안병수 /국일미디어

암은 대사질환이다 /홍수진, 이창선 외 /한솔

약없이 혈당 낮추는 양배추 식사요법 /요시다 도시히데 /루미너스

약을 쓰지 않고 혈압을 낮추는 방법 /가토 마사토시 /더난콘텐츠

어떤 몸으로 나이 들 것인가 /제임스 디니콜란토니오, 제이슨 펑 /
　　　라이팅하우스

역노화 – 짧게 오래 사는 시대가 온다 /세르게이 영 /더퀘스트

염증 제로 습관 /이마이 가즈아키 /시그마 북스

우리는 어떻게 화학물질에 중독되는가 /로랑 슈발리에 /흐름출판

우리의 뇌는 어떻게 배우는가 /스타니슬라스 드앤 /로크미디어

음식을 끊다 -단식, 자신을 찾는 여행 /스티븐 해로드 뷰너 /따비

의지력의 재발견 /로이 F. 바우마이스터, 존 티어니 /에코리브르

이재원 원장의 알기 쉬운 도파민 이야기 /이재원 /이지브레인

장내세균 혁명 /데이비드 펄머터 /지식너머

장이 깨끗하면 뇌도 건강해진다 /나가누마 타카노리 /전나무숲

죽음의 식탁 /마리 모니크 로뱅 /판미동

코티솔 조절법 /숀 탤보트 /전나무숲

이미지 색인